Retenção de talentos
e valorização
profissional

Central de Qualidade — FGV Management

ouvidoria@fgv.br

PUBLICAÇÕES
FGV Management

SÉRIE GESTÃO DE PESSOAS

Retenção de talentos
e valorização
profissional

Vera Lúcia De Souza
Carmelita Seno Cardeira Alves
Iêda Maria Vecchioni Carvalho
Patrícia Prado Faria

EDITORA
IDE

Direitos desta edição reservados à
EDITORA FGV
Rua Jornalista Orlando Dantas, 37
22231-010 — Rio de Janeiro, RJ — Brasil
Tels.: 0800-021-7777 — 21-3799-4427
Fax: 21-3799-4430
editora@fgv.br — pedidoseditora@fgv.br
www.fgv.br/editora

Impresso no Brasil / *Printed in Brazil*

Os conceitos emitidos neste livro são de inteira responsabilidade dos autores.

1ª edição — 2015

Preparação de originais: Sandra Frank
Editoração eletrônica: FA Editoração Eletrônica
Revisão: Fatima Caroni
Capa: aspecto:design
Ilustração de capa: Felipe A. de Souza

Ficha catalográfica elaborada pela
Biblioteca Mario Henrique Simonsen/FGV

Retenção de talentos e valorização profissional / Vera Lúcia de Souza... [et al.]. – Rio de Janeiro : Editora FGV, 2015.
152 p. – (Gestão de pessoas)

Em colaboração com: Carmelita Seno Cardeira Alves, Iêda Maria Vecchioni Carvalho, Patrícia Prado Faria.

Publicações FGV Management.
Inclui bibliografia.
ISBN: 978-85-225-1789-3

1. Administração de pessoal. 2. Capital intelectual. 3. Eficiência organizacional. 4. Comportamento organizacional. 5. Motivação no trabalho. I. Souza, Vera Lúcia de. II. Alves, Carmelita Seno Cardeira. III. Carvalho, Iêda Maria Vecchioni. IV. Faria, Patrícia Prado. V. Fundação Getulio Vargas. V. FGV Management. VI. Série.

CDD — 658.3

A todos os talentos que cruzaram nossas vidas, aos que conseguimos reter e aos que se foram, todos eles fazendo de nós o que somos.
A todos que reforçam a crença de que nunca se esgotam as possibilidades de descobrir em nós novos talentos, nem de buscar valorizar os talentos alheios.
Enfim, dedicamos esta obra à jornada contínua de, simplesmente, aprender... a partir do convívio com pessoas.

Sumário

Apresentação 9

Introdução 13

1 | Retenção e valorização de talentos 19
A importância estratégica da retenção de talentos 19
Aspectos relevantes da identificação de talentos 23
Características e expectativas dos perfis geracionais 38

2 | A influência do contexto organizacional 49
O papel dos líderes 49
O papel da cultura organizacional 58
O papel da área de RH 69

3 | Políticas e estratégias de valorização e
retenção de talentos 83
Capacitação e desenvolvimento 83

Recompensas financeiras e não financeiras   89
Planejamento de carreira   101
Saúde e qualidade de vida no trabalho   108
Avaliação do desempenho e *feedback*   120

Conclusão   133

Referências   139

As autoras   147

Apresentação

Este livro compõe as Publicações FGV Management, programa de educação continuada da Fundação Getulio Vargas (FGV).

A FGV é uma instituição de direito privado, com mais de meio século de existência, gerando conhecimento por meio da pesquisa, transmitindo informações e formando habilidades por meio da educação, prestando assistência técnica às organizações e contribuindo para um Brasil sustentável e competitivo no cenário internacional.

A estrutura acadêmica da FGV é composta por nove escolas e institutos, a saber: Escola Brasileira de Administração Pública e de Empresas (Ebape), dirigida pelo professor Flavio Carvalho de Vasconcelos; Escola de Administração de Empresas de São Paulo (Eaesp), dirigida pelo professor Luiz Artur Ledur Brito; Escola de Pós-Graduação em Economia (EPGE), dirigida pelo professor Rubens Penha Cysne; Centro de Pesquisa e Documentação de História Contemporânea do Brasil (Cpdoc), dirigido pelo professor Celso Castro; Escola de Direito de São Paulo (Direito GV), dirigida pelo professor Oscar Vilhena Vieira; Escola de Direito do Rio de Janeiro (Direito Rio), dirigida pelo professor Joaquim Falcão; Escola de Economia de São Paulo (Eesp), dirigida pelo professor Yoshiaki Nakano; Instituto Brasileiro de Economia (Ibre), dirigido pelo professor Luiz Guilherme Schymura de Oliveira; e Escola de Matemática Aplicada (Emap), dirigida pela professora Maria Izabel Tavares Gramacho. São diversas unidades com a marca FGV, trabalhando com a mesma filosofia: gerar e disseminar o conhecimento pelo país.

Dentro de suas áreas específicas de conhecimento, cada escola é responsável pela criação e elaboração dos cursos oferecidos pelo Instituto de Desenvolvimento Educacional (IDE), criado em 2003, com o objetivo de coordenar e gerenciar uma rede de distribuição única para os produtos e serviços educacionais produzidos pela FGV, por meio de suas escolas. Dirigido pelo professor Rubens Mario Alberto Wachholz, o IDE conta com a Direção de Gestão Acadêmica pela professora Maria Alice da Justa Lemos, com a Direção da Rede Management pelo professor Silvio Roberto Badenes de Gouvea, com a Direção dos Cursos Corporativos pelo professor Luiz Ernesto Migliora, com a Direção dos Núcleos MGM Brasília, Rio de Janeiro e São Paulo pelo professor Paulo Mattos de Lemos, com a Direção das Soluções Educacionais pela professora Mary Kimiko Magalhães Guimarães Murashima e com a Direção dos Serviços Compartilhados pelo professor Gerson Lachtermacher. O IDE engloba o programa FGV Management e sua rede conveniada, distribuída em todo o país e, por meio de seus programas, desenvolve soluções em educação presencial e a distância e em treinamento corporativo customizado, prestando apoio efetivo à rede FGV, de acordo com os padrões de excelência da instituição.

Este livro representa mais um esforço da FGV em socializar seu aprendizado e suas conquistas. Ele é escrito por professores do FGV Management, profissionais de reconhecida competência acadêmica e prática, o que torna possível atender às demandas do mercado, tendo como suporte sólida fundamentação teórica.

A FGV espera, com mais essa iniciativa, oferecer a estudantes, gestores, técnicos e a todos aqueles que têm internalizado o conceito de educação continuada, tão relevante na era do conhecimento na qual se vive, insumos que, agregados às suas práticas, possam contribuir para sua especialização, atualização e aperfeiçoamento.

Rubens Mario Alberto Wachholz
Diretor do Instituto de Desenvolvimento Educacional

Sylvia Constant Vergara
Coordenadora das Publicações FGV Management

Introdução

A reestruturação produtiva mais recente, ocorrida em meados da década de 1990, exigiu mudanças organizacionais visando ao aumento da produtividade, exigência que não se constitui um fato novo. Desde a Depressão dos anos 1930, e após a II Guerra Mundial, a busca de ganhos de produtividade impõe reestruturações produtivas para o enfrentamento de problemas cada vez mais complexos, decorrentes de pressões externas.

O cenário socioeconômico modelado pelas metamorfoses do mundo do trabalho provoca a demanda por modelagens flexíveis para organizar, estruturar e controlar as organizações, objetivando a superação dos desafios vinculados à sustentação da competitividade e lucratividade (Boltanski e Chiapello, 1999). Diante dessa realidade, as organizações se empenham para desenhar estratégias corporativas visando assegurar vantagens competitivas, sendo a retenção de talentos uma delas, dada sua relevância.

As demandas econômicas, sobretudo, a partir da última década do século XX, transformaram os profissionais considerados talentos em uma condição necessária à sobrevivência das organizações. A quebra de organizações, outrora poderosas, torna-se iminente não somente devido às crises financeiras. A evasão do capital intelectual acentua esse problema, uma vez que o indivíduo, ao sair da organização, leva com ele o conhecimento acumulado, o que pode contribuir para a diminuição da capacidade da organização de efetuar entregas em níveis crescentes de excelência ao cliente e, portanto, de manter um desempenho competitivo capaz de impactar sua imagem de excelência no mercado.

É oportuno ressaltarmos que crises financeiras nem sempre resultam de cenários econômicos turbulentos. Elas podem decorrer de administrações ineficazes, comportamentos incompatíveis com as estratégias e escassez de talentos, entre outros motivos. Assim, os temas *retenção de talentos* e *valorização profissional* despertam o interesse de pesquisadores e, por conseguinte, provocam crescentes debates no âmbito acadêmico e organizacional.

A consciência quanto à relevância do objeto de estudo em questão demandou a escolha de um fio condutor para alicerçar os temas específicos a serem desenvolvidos no livro.

O problema inicial enfrentado residiu na questão conceitual. A maioria das publicações recentes centradas no processo gestão de pessoas atribui inúmeros sentidos para o conceito *talento*. A busca da resolução desse quesito exigiu a identificação de uma definição operacional que refletisse nossas crenças e valores, estivesse alinhada à lógica de gestão predominante na atualidade e, também, fosse aderente às referências paradigmáticas nas quais, nós, autoras, decidimos assentar o desenvolvimento do livro.

A multiplicidade de abordagens possíveis para o desenvolvimento dos temas *retenção de talentos* e *valorização profissional* demandou reflexões constantes.

Esses temas permeiam todos os processos que compõem a cadeia produtiva gestão de pessoas. Sua natureza sistêmica, decorrente da perspectiva estratégica demandada pela visão contemporânea do gerenciamento de pessoas, recusa decisões pontuais. A manutenção de elos robustos entre os processos destinados ao gerenciamento de pessoas, portanto, é uma condição necessária ao adequado funcionamento desse processo organizacional. Os esforços organizacionais empreendidos nessa direção se iniciam com a contratação de um profissional potencialmente talentoso. E prosseguem quando a organização efetua intervenções, integradas aos processos da referida cadeia, no decorrer da trajetória do profissional na organização.

Frente ao exposto, optamos pelo desenvolvimento do livro utilizando a influência da lógica da financeirização na valorização de talentos e em sua decorrente retenção nas organizações como fio condutor. Essa lógica, que contagia a nova forma de fazer negócio e, portanto, orienta e prescreve seus objetivos e rumos organizacionais, tem como base os fundamentos nos quais se assentam as decisões no mercado de capitais (Chesnais, 1996).

A opção por essa linha de pensamento deve-se à exigência da reestruturação produtiva dos anos 1990, vigente até então, de que a referida lógica se constitua no alicerce dos modelos de gestão flexível que norteiam as práticas contemporâneas de gestão de pessoas para assegurar às organizações a dianteira frente a seus concorrentes.

A pesquisa conduzida pelo Saratoga Institute, situado na Califórnia, Estados Unidos, em 1997, e válida até os dias de hoje pela atualidade de seus resultados, também, fortaleceu a escolha quanto ao fio condutor. Ela produziu evidências que comprovam a influência da performance de profissionais talentosos no desempenho organizacional que assegura vantagens competitivas.

O estudo desenvolvido pelo referido instituto destacou a relevância da retenção de talentos para o desempenho organizacional, identificando as maiores preocupações dos CEOs e dos principais executivos de RH de 710 organizações, consideradas *benchmark* em recursos humanos, em 26 países.

Os resultados obtidos a tornaram a pesquisa mais completa, até então, quanto ao impacto da gestão de recursos humanos no mundo dos negócios. Rugênia Maria Pommi, à época diretora da representação brasileira do Saratoga, divulgou seus resultados na revista *Exame*, em setembro de 1997.

Em linhas gerais, o estudo revelou que a capacidade da organização para atrair talentos é segunda prioridade para os CEOs. Por sua vez, os gestores da área de RH a consideram a prioridade número um, argumentando que de nada adianta ter práticas de RH se elas não estiverem alinhadas às estratégias do negócio.

Estruturamos o livro conforme segue.

A presente introdução sumariza a relevância contemporânea desses temas e descreve os motivos que contribuíram para a escolha da abordagem na qual se pautou seu desenvolvimento.

As reflexões decorrentes robusteceram a premissa que se constituiu no ponto de partida do livro: as pressões externas condicionam a acentuada relevância da captação e retenção de talentos na organização contemporânea.

Os esforços nessa direção orientaram o nosso olhar para os antecedentes dessa suposição, resultando no capítulo 1. Ele aponta condicionantes externos relevantes que, segundo nossas crenças, impulsionaram mudanças organizacionais significativas que transformaram a gestão de pessoas no alicerce da excelência. Assim, a retenção de profissionais passou a ser um desafio impossível de ser negligenciado. Além disso, esse capítulo destaca fatores críticos a serem considerados na identificação de profissionais talentosos e sinaliza características comuns relativas aos seus perfis, bem como às suas expectativas.

Dando continuidade, o capítulo 2 prioriza os condicionantes internos que podem acarretar a evasão de talentos. Para tanto, enfatizamos a importância do papel da liderança e da área de RH, bem como a influência do alinhamento de valores individuais aos organizacionais na evasão de talentos da organização.

O capítulo 3 traz à tona questões centrais que, em nossa percepção, dão concretude à suposição de que a valorização e a retenção de talentos favorecem a sustentação de vantagens competitivas, segundo duas perspectivas.

A primeira destaca fatores críticos, pela perspectiva técnica, chamando a atenção para alguns instrumentos de gestão que favorecem a gestão de talentos. Enfatiza que a consecução desse propósito requer, por exemplo, políticas, estratégias e práticas capazes de impulsionar o desenvolvimento contínuo de profissionais talentosos.

No que diz respeito à segunda perspectiva, apontamos a influência do sentimento de pertencimento na permanência do indivíduo considerado talento na organização.

Finalizando, apresentamos nossas conclusões, compartilhando reflexões a respeito dos avanços e disfunções no processo gestão de pessoas decorrentes da crescente importância atribuída à retenção e valorização de talentos em face da imposição da lógica da financeirização.

Resumindo, buscamos compartilhar com você, leitor, neste livro, os aspectos críticos que, acreditamos, condicionam a retenção e a valorização de profissionais produtivos, motivados e comprometidos com os resultados individuais, grupais e organizacionais desejados.

É oportuno comentarmos que a maioria dos exemplos que utilizamos para ilustrar os conceitos e as práticas apresentadas no livro foi extraída da nossa atuação profissional. Imaginamos que essa decisão possa contribuir para esclarecer dúvidas conceituais porventura existentes e, também, favorecer a aplicação dos conhecimentos adquiridos na sua realidade organizacional.

Enfim, leitor, leia, reflita e ouse praticar o que mais interessar e se revelar aderente às necessidades e aos valores de sua organização.

1

Retenção e valorização de talentos

As metamorfoses do mundo do trabalho, especialmente a partir dos anos 1990, tornaram o universo corporativo turbulento e imprevisível. As mudanças organizacionais decorrentes impuseram um novo modo de pensar e agir sobre a gestão.

Diante das exigências do atual cenário corporativo, este capítulo ressalta alguns condicionantes externos que transformaram a retenção de talentos em estratégia organizacional para assegurar vantagens da organização perante seus concorrentes.

Para tanto, delinearemos o campo do tema retenção de talentos e valorização profissional, definindo operacionalmente talento, abordando questões críticas vinculadas à identificação de talentos e apontando expectativas e características observadas como as mais usuais.

A importância estratégica da retenção de talentos

Os desafios decorrentes da turbulência e inconstância do atual contexto corporativo demandam estratégias flexíveis que assegurem a sobrevivência da organização. Estratégias obsoletas, modeladas com base na lógica mecanicista, são incapazes de lidar com tais desafios. Mas estratégias bem-sucedidas requerem inovações.

Contudo, principalmente a inovação, uma dimensão da excelência que distingue uma organização das demais, depende das contribuições humanas. E, considerando que nem todos os profissionais efetuam entregas que adicionam valor ao negócio, é preciso cuidar para manter aqueles que com ele se comprometem. São esses profissionais que podem propiciar à organização ser o que ela quer ser, ou seja, a concretização da visão organizacional.

A alta performance transformou-se, pois, em uma exigência contemporânea.

O direito à inserção no mundo profissional é uma evidência visível dessa afirmação. Em obediência às atuais demandas corporativas, cada vez mais, o mercado valoriza aqueles a quem as organizações atribuem importância crescente: os denominados talentos, ou *high potential*.

De modo alinhado a essa demanda, a equipe de pesquisadores coordenada por Edward E. Lawler III (1996) afirma que organizações que buscam vantagens competitivas objetivando atender os anseios da economia global devem se empenhar na sustentação de desempenhos humanos que adicionem valor ao negócio, denominados "alto desempenho". Portanto, apenas indivíduos que evidenciam o referido desempenho, ou seja, que propiciam de modo contínuo e simultâneo o aumento da qualidade, a redução do custo, o aumento da prontidão de atendimento e a inovação constante asseguram o "passaporte" para seu ingresso e sua permanência nessas organizações.

A retenção de profissionais que apresentam entregas dessa natureza não é uma escolha organizacional. É uma imposição da economia global. Daí a retenção de "quem faz a diferença", na atualidade, ser um dos principais desafios, no âmbito da gestão de pessoas. Daí o empenho crescente para a identificação, valorização e reconhecimento de quem evidencia alto desempenho. Em muitas organizações eles são considerados talentos. A retenção de talentos passou a ser tão importante quanto o próprio negócio. Ela se tornou o elemento essencial para sua preservação, sua consolidação e seu sucesso. Teixeira, Bastos Neto e Oliveira (2005:42-43) auxiliam a compreensão desse momento, destacando que:

> O mundo dos negócios está dando lugar a profundas modificações na natureza do trabalho e nas relações entre empresas e colaboradores, configurando uma nova situação que gera importantes implicações para a gestão de pessoas. Essa situação reflete um novo mundo do trabalho, caracterizado pela crescente convivência do emprego clássico com um novo tipo de emprego; pela gradual desconfiguração do cargo em sua forma tradicional; por uma base tecnológica mais sofisticada; pela migração do emprego; por novas formas de flexibilização do trabalho; pela exigência de um novo tipo de profissional; pela crescente convivência do poder formal com outros tipos de poder.

Estudos recentes sinalizam mudanças na gestão de pessoas, impedindo o olhar reducionista a esse respeito.

Em linhas gerais, a nova lógica de gestão, ao buscar atender às exigências das flutuações do mercado, passou a privilegiar a análise da relação custo/benefício. Em atendimento às exigências da financeirização, a lógica na qual se assenta o processo utilizado para verificar a eficiência econômica de investimentos de naturezas distintas passou a ser utilizada no campo das organizações. O propósito é a quantificação das contribuições humanas ao negócio. Em decorrência, por essa perspectiva, quanto maiores as contribuições dos profissionais, maior o interesse da organização em sua retenção. Em função disso, a gestão de pessoas assumiu a flexibilidade como a base de sustentação das estratégias corporativas (Souza, 2008).

O indivíduo se tornou uma fonte de vantagem competitiva necessária ao enfrentamento dos desafios impostos pelas referências paradigmáticas que predominam no século XXI. As mudanças nos modelos de gestão, sobretudo de pessoas, apontam duas abordagens com perspectivas distintas.

A primeira, tradicional, sublinha que a concorrência deve ser enfrentada por meio da estratégia de custos cada vez mais reduzidos. Ela não compete por talentos e nem sequer privilegia a inovação, o conhecimento do produto e a orientação para o cliente. O elemento humano não é considerado um diferencial competitivo.

A linha do pensamento que caracteriza a segunda abordagem prioriza a busca de vantagens competitivas objetivando enfrentar a concorrência global. Assim, desde o início do século XXI, o indivíduo passa a ser o elemento-chave no processo de geração de valor.

Em outras palavras, a ordem econômica vigente concebe o indivíduo como capital humano, expressão que, conforme a teoria do capital humano, significa que:

> O indivíduo é responsável pela sua diferença salarial em relação aos demais. Na medida em que o indivíduo é livre para tomar decisões, então desigualdades sociais e diferenças na distribuição de renda resultam da responsabilidade social [Cattani, 2002:37].

Aderente a essa concepção, a flexibilidade se torna a resposta, considerada efetiva, para fazer face às demandas do ambiente de negócios do século XXI. Mas a nova forma de fazer negócios não se restringe à flexibilidade.

A financeirização da economia, isto é, a lógica do mercado de capitais, se transformou na "bússola" que orienta o funcionamento da organização ao prescrever seus objetivos e rumos. Sua influência na gestão de pessoas, portanto, tornou a retenção e valorização de talentos uma estratégia organizacional. Assim, é oportuno salientarmos que as raízes da lógica subjacente aos modelos flexíveis de gestão de pessoas são nutridas pelas demandas do mercado de capitais. Ela prioriza a geração de valor ao acionista em atendimento às premissas do capitalismo: modo de produção monetarista caracterizado pela visão de curto prazo, pelo oportunismo, pela busca do lucro imediato e pela busca da criação da riqueza financeira (Grün, 2003).

> Capitalismo é um sistema econômico e social predominante na maioria dos países industrializados ou em fase de industrialização. Neles, a economia baseia-se na separação entre trabalhadores juridicamente livres, que dispõem apenas da força de trabalho e a vendem em troca de salário, e capitalistas, os quais são proprietários dos meios de produção e contratam os trabalhadores para produzir mercadorias (bens dirigidos para o mercado), visando à obtenção de lucro [Sandroni, 2005:119].

A financeirização impõe um duplo desafio. No âmbito da organização, ela acentua a importância estratégica da retenção e valorização de profissionais que efetuam entregas excelentes. Em decorrência, ela obriga a manutenção dos perfis de competência dos indivíduos continuamente alinhados às necessidades do mercado e do negócio para despertarem o interesse das organizações na sua permanência.

Aspectos relevantes da identificação de talentos

Abordamos a crescente relevância da retenção de talentos para o enfrentamento dos desafios da competitividade. Mas nem todas as organizações estão conscientes de que sua sobrevivência e a sustentação de sua imagem de excelência dependem das contribuições humanas.

A questão crítica desse processo parece não residir apenas em "onde" encontrar talentos, mas, antes, em "como" identificar profissionais que de fato possam sustentar desempenhos competitivos e, além disso, sejam capazes de se adaptar às demandas do contexto corporativo com rapidez cada vez maior, para auxiliar a organização a enfrentar as exigências das pressões externas.

Desde os tempos remotos *talento* é um vocábulo que assume significados distintos. Na Antiguidade grega e romana, talento designava o nome atribuído ao peso e à moeda corrente. Atualmente, esse termo nomeia indivíduos com perfis profissionais específicos, apesar da persistência das divergências conceituais, realidade que motiva debates no campo acadêmico e organizacional, apoiados em linhas de pensamento distintas, como as ilustradas a seguir.

Michaels, Handfield-Jones e Axebrod (2002), por exemplo, argumentam que talentos são profissionais que se diferenciam dos demais devido a seus dons especiais inatos, explicitados por habilidades, conhecimentos, experiências, atitudes e capacidade de aprender.

Por sua vez, autores como Matuson (2013) consideram talento um profissional cujas competências necessárias ao desempenho de sua função são altamente desenvolvidas e, em razão disso, asseguram produtividade e qualidade de entregas em níveis crescentes. E, ainda, trata-se de profissionais que evidenciam potencial para a aquisição de novas competências.

Relacionar os significados atribuídos ao conceito talento na sua totalidade, comparando suas semelhanças e diferenças, requer um estudo sistemático, de caráter científico, que extrapola o escopo desta publicação. Entretanto, podemos afirmar que, em síntese, ora os sentidos atribuídos ao conceito talento privilegiam a hereditariedade, ora enfatizam a aquisição e o desenvolvimento de competências no decorrer da existência do indivíduo.

Ainda, é possível observar que, apesar de suas particularidades, um número expressivo de autores converge, associando o significado de talento ao profissional que efetua entregas além do previsto. Uns associam talento ao profissional bem-sucedido na execução de atividades específicas. Outros vinculam essa denominação àqueles que realizam seu trabalho da melhor forma possível em face da consciência de sua importância para o negócio. Outros designam como talentos os profissionais que aproveitam as oportunidades de desenvolvimento que a organização oferece, contribuindo para uma relação social no trabalho harmoniosa e mais alinhada à missão, à visão e aos valores organizacionais. Outros, por sua vez, denominam talento o profissional que transforma suas competências em resultados desejados, praticando os valores priorizados pela organização.

Enfim, exemplos ilustram que o fato de o conceito talento ainda ser amplo e subjetivo dificulta a identificação de pessoas consideradas talentos e, também, o desenho de ações estratégicas por parte da organização visando à sua retenção e valorização.

Diante da multiplicidade de significados atribuídos ao conceito em pauta, decidimos eleger talento com base na referência teórica concebida por E. E. Lawler III (1996). Reiterando, esse autor defende a hipótese de a sustentação de vantagens competitivas resultar de contribuições humanas que adicionam valor.

A análise do significado desse conceito, em maior nível de profundidade, reforçou nossa escolha quanto à referida perspectiva teórica.

Ela desvelou o entrelaçamento dos significados atribuídos aos conceitos *talento* e *empregabilidade*, no seu sentido positivo, ou, dito de outra forma, indivíduo cujo perfil de competências é valorizado pelo atual mercado de trabalho.

A análise também trouxe à tona que os fundamentos dos referidos conceitos se assentam, como já mencionado, na lógica da financeirização, a qual induz a permanência no mercado de trabalho daqueles que garantam níveis crescentes de excelência.

Consideramos também oportuno lembrar que, independentemente da definição que adotamos para denominar talento, o cotidiano organizacional, a literatura acadêmica, gestores e profissionais de RH apontam características comuns nesses profissionais.

Características comuns aos talentos

O interesse pelo desenvolvimento continuado distingue os indivíduos considerados talentos. Eles se mantêm atentos às necessidades contínuas de aquisição de novos conhecimentos para atender às demandas corporativas, sempre novas e desafiadoras. Essses idivíduos são conscientes de que os impactos dos avanços tecnológicos e das novas configurações de trabalho provocam mutações nas organizações.

Contudo, talentos não se empenham apenas em manter seus perfis técnicos alinhados às mudanças do mercado e do negócio. A predisposição para o aprendizado contínuo evidencia uma competência comportamental valorizada, em âmbito mundial, ao criar condições favoráveis ao aumento da produtividade e qualidade de entregas desejadas.

A inteligência cultural (IC) é outra competência comportamental comum aos talentos. Para Livermore (2012:13), ela designa a "capacidade de operar de forma eficaz entre culturas nacionais, étnicas e organizacionais diferentes". Sua importância se vincula ao fato de a globalização ser um fenômeno incorporado ao mundo do trabalho, que envolve todos os tipos de segmentos e porte de empresas. Acentua o autor que a IC auxilia o indivíduo a lidar com essas questões, ou seja, com a diferença. Ainda, ela possibilita ao indivíduo identificar possíveis alternativas de solução às demandas que lhe são apresentadas.

Especificamente, a pesquisa conduzida por Soon Ang e Linn van Dyne (2008:130) também atesta a relevância dessa competência. Tal pesquisa prognostica que "cerca de 90% dos principais executivos de 68 países afirmaram que a liderança intercultural será o maior desafio dos altos escalões de uma empresa nos próximos 100 anos". Ora, se isso ocorrerá, parece ser instigante identificar, preparar e reter profissionais com potencial para se transformarem nos futuros líderes estratégicos, garantindo a sobrevivência e o crescimento das organizações.

A capacidade de o indivíduo perceber a si próprio (autopercepção) e ao outro (heteropercepção) com base em dados e informações também é usual nos talentos, o que beneficia a adoção de reações adequadas diante das diversas situações que se impõem ao alcance de resultados.

A capacidade de percepção distingue um talento dos demais. Muitos acreditam que o problema no ambiente de trabalho não se restringe à concorrência ou à competitividade instigada pelo mundo globalizado. A diferença consiste na capacidade desses indivíduos de reconhecerem suas forças e fraquezas e, também, as dos concorrentes. E, mais, de conseguirem transformá-las em oportunidades, intensificando seu crescimento pessoal e organizacional. Na maioria das vezes, eles utilizam seus pontos fortes para a superação de seus desafios profissionais. Para tanto, administram suas áreas de melhoria para evitar possíveis impactos negativos no alcance de resultados previstos.

As experiências internacionais, comuns nas trajetórias profissionais dos talentos, também aceleram o desenvolvimento de competências valorizadas pelo mercado. Por exemplo: enfrentar desafios tomando decisões sem o respaldo da família, o que, além de permitir assumir responsabilidade sobre a própria vida, às vezes sem ajuda física, financeira ou emocional, eleva o nível de maturidade psicológica; ter visão sistêmica e pensamento estratégico; decidir considerando as condições mais adequadas e coerentes.

A capacidade de trabalhar em equipe é outra característica que diferencia os talentos. Eles revelam capacidade de aprender, disseminar, consolidar conceitos e práticas de modo compartilhado com os demais integrantes do ambiente em que estão inseridos. Essa capacidade, que favorece o convívio com a diferença, se destaca nos talentos, pois, em atendimento à lógica de gestão flexível, qualquer produto ou serviço oferecido por uma organização resulta de um trabalho coletivo. Em outras palavras, decorre de uma teia de relações entre fornecedores e clientes, externos e internos.

A qualidade do *output* gerado, quer para um cliente externo, quer para um interno, ou para a sociedade como um todo no caso das organizações públicas, depende de o fluxo da cadeia produtiva ocorrer sem entraves. Logo, se os indivíduos não conseguirem pensar e nem sequer agir coletivamente, dificilmente uma organização apresentará resultados efetivos. Daí a relevância da capacidade do trabalho em equipe, de modo geral, demonstrada por talentos.

Dadas as inúmeras variáveis a serem gerenciadas para assegurar a permanência dos talentos no quadro funcional de uma organização, prosseguiremos destacando variáveis macro relevantes que afetam a consecução desse propósito.

Fatores organizacionais essenciais à identificação de talentos

O alicerce da identificação de talentos é o plano estratégico, instrumento de gestão que norteia o direcionamento do poder decisório e dos gestores em relação às suas equipes de trabalho. Ele produz os insumos necessários aos desenhos dos perfis de competências requeridos ao quadro funcional para a organização cumprir sua missão, concretizar sua visão e praticar seus valores.

Assim, um profissional pode ou não ser considerado talento, dependendo dos propósitos da organização em um momento específico, conforme ilustram os exemplos a seguir.

Se os planos de negócios de uma organização são agressivos em face da sua intenção de assumir uma posição destacada de liderança no mercado, ela buscará atrair profissionais com perfis potencialmente capazes de atuar com foco em resultados.

Porém, se desejar aumentar os níveis de excelência de seus resultados ou expandir suas atividades em função de sua ampliação geográfica, os perfis desejados serão distintos.

Embora as estratégias adotadas sejam diferentes, é provável que o profissional seja demandado a aplicar de modo efetivo suas competências visando ao alcance de resultados desejados.

Contudo, se outra organização enfatizar a qualidade e a satisfação dos seus clientes, é possível que sua tendência seja atrair profissionais com perfis que se destaquem pelo foco no cliente.

Inexiste um profissional considerado talento em qualquer situação, em qualquer organização, ou em qualquer momento específico da organização. Talento não é um conceito em si mesmo, um adjetivo, uma abstração teórica. É alguém que contribui concretamente para a organização ser o que ela quer ser (visão). Desse modo, as contribuições serão valorizadas ou não a depender dos propósitos da organização.

A identificação de talentos requer clareza quanto ao perfil profissional necessário para a organização efetuar as entregas (produtos e serviços) em níveis de excelência previstos. Em função disso, a organização precisa ser transparente quanto aos direcionadores estratégicos definidos para assegurar sua sobrevivência e seu crescimento.

Por isso, o mapeamento de conhecimentos técnicos requeridos do corpo funcional é um fator crítico para a identificação de talentos. A discriminação adequada dos conhecimentos técnicos, bem como dos níveis de exigência necessários à concretização do plano estratégico, permite à organização obter ganhos de eficácia. Ela estará apta a recrutar e selecionar candidatos às vagas em aberto que atendam de fato às necessidades organizacionais. Porém, é oportuno esclarecermos que essa vantagem não se observa ao se tratar de cargos situados no início de carreira, como auxiliares, assistentes, analistas juniores ou *trainees*.

Diante do exposto, podemos afirmar que o alcance de um ponto de equilíbrio entre as exigências relativas aos conhecimentos específicos para o preenchimento da vaga em aberto e aqueles a serem utilizados de fato no exercício das funções pertinentes ao cargo é um desafio a ser enfrentado, principalmente, pela área de RH. Se, por um lado, a exigência demasiada em relação aos candidatos pode prejudicar, por exemplo, o prazo de fechamento do processo seletivo, por outro exigir do candidato conhecimentos aquém do mínimo necessário pode, também, acarretar problemas. O fundamental é a coerência entre a exigência de requisitos ao candidato e sua posterior utilização no trabalho em que os conhecimentos solicitados serão aplicados.

O plano de cargos é outro fator organizacional indispensável à identificação de talentos. Os processos e as atribuições que consolidam esse instrumento de gestão, legalmente necessário para proteger a organização contra passivos trabalhistas, fornecem insumos à identificação das competências técnicas necessárias à consecução dos propósitos organizacionais.

No tocante às atitudes dos empregados, gestores ou não, explicitadas por meio de comportamentos, que possibilitam o alcance de resultados desejados, elas também são extraídas dos direcionadores estratégicos e do plano de cargos. Ambas as fontes geram subsídios à averiguação daquelas que se espera de um talento para favorecerem a execução das estratégias corporativas.

A cultura e o clima de uma organização também geram informações úteis à identificação de talentos. Em particular, a cultura orienta a liderança a atuar em linha com o previsto pela organização. Assim, a relevância da compreensão do papel dessas variáveis intangíveis na identificação de talentos nos motivou a abordá-las com maior nível de profundidade no capítulo 2.

Antes de seguirmos adiante, apresentamos a figura 1, objetivando resumir os conceitos destacados nesta seção.

Figura 1

FATORES ESSENCIAIS À IDENTIFICAÇÃO DE TALENTOS

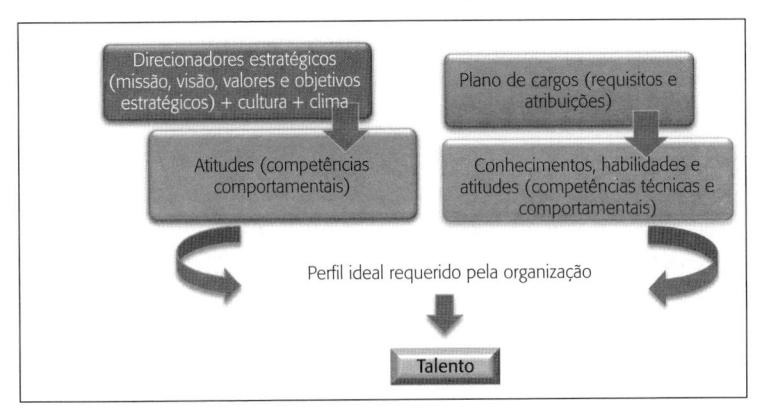

Até então, preocupamo-nos com os fatores organizacionais críticos que afetam a identificação dos talentos. Na prática, porém, há outro fator que requer atenção por parte da organização, em especial da área de RH: como identificar talentos?

Identificação de talentos internos e externos

É comum associar a atração de talentos ao preenchimento de vagas em aberto com profissionais do mercado. Mas, às vezes, eles estão mais próximos do que imaginamos.

Organizações evoluídas em termos de gestão de pessoas têm plano estratégico e plano de cargos. Além disso, preocupam-se em mapear os perfis de competências referentes à estrutura organizacional adotada. Tais insumos permitem à organização utilizar o recrutamento interno como fonte de captação de talentos na medida em que ela tem a possibilidade de definir quais perfis os profissionais precisam comprovar para serem considerados talentos.

A adoção de um modelo de gestão de desempenho com base em competências e resultados é outra condição que auxilia a identificar quem poderá ocupar as vagas em aberto por ser um profissional considerado um talento naquela organização, em determinado momento.

Também, entendemos ser conveniente destacar a importância de a organização ter uma base informatizada de dados para armazenar dados e informações específicos vinculados ao seu corpo funcional. Ela acentua a confiabilidade na identificação de talentos por meio do recrutamento interno ao gerar insumos úteis à tomada de decisão. São exemplos dados documentais e de registro, informações sobre a formação, a realização de cursos, o domínio de idiomas e a incorporação de habilidades, entre outros requisitos.

Contudo, nem sempre é possível atuar utilizando os recursos disponíveis. Independentemente da ajuda valiosa propiciada pelos avanços tecnológicos, às vezes precisamos identificar talentos sem o auxílio de um banco de dados.

Nesses casos, o processo de atração interna pode seguir adiante sem o apoio tecnológico. A divulgação interna da vaga pode ocorrer, desde que as competências tenham sido mapeadas para nortear a elaboração de processos seletivos ajustados às necessidades da vaga em aberto.

Se, apesar dos esforços empreendidos, a organização não localizar candidatos internamente, a solução é a busca de potenciais talentos no mercado. Há inúmeras fontes de recrutamento externo. O importante é optar por aquela(s) que possibilite(m) a construção de um banco de candidatos de modo a ter possibilidade de obter subsídios úteis, sempre que necessário, relativos aos requisitos e às competências de profissionais caracterizados como talentos.

Ilustrando, é uma decisão inadequada buscar candidatos a vagas que necessitam de um profissional potencialmente considerado talento com visão sistêmica ou pensamento estratégico em fontes que disponham, em sua maioria, de profissionais em início da carreira. Apesar do elevado potencial desses profissionais, eles ainda não desenvolveram tais competências.

Outro exemplo que ilustra um recrutamento externo inadequado de talentos é atrair e admitir profissionais com perfis demasiado elevados em relação às necessidades da função em aberto. Isso pode provocar a desmotivação futura do profissional e, por conseguinte, sua rápida evasão.

Também, investir no excesso de currículos para atrair talentos nem sempre gera ganhos de eficácia organizacional. A demanda de tempo para uma análise coerente e imparcial pode ser demasiada se na elevada quantidade de candidatos houver um percentual pequeno com os requisitos mínimos exigidos para a ocupação do cargo.

Em suma, os exemplos mencionados alertam para alguns cuidados a serem observados ao se optar pelo recrutamento externo de talentos. A captação de candidatos é fácil. Basta divulgar as vagas em aberto. Porém atrair quem representa ou que poderá vir a se tornar um talento é mais complexo.

De modo geral, um profissional contribui para o lucro da organização, aproximadamente, a partir de 12 meses na função. Logo, se não souber quem poderá suprir essa lacuna e não estruturar processos seletivos para identificar pessoas apropriadas, a organização corre o risco de ter prejuízos.

É oportuno lembrar que a perda de talentos antigos na organização pode provocar mais prejuízos à organização do que a perda dos recém-admitidos. Profissionais com mais "tempo de casa" mantêm a história, a cultura e, em muitas ocasiões, contribuem de modo significativo e concreto para o alcance de resultados esperados.

Atento a esse fato, Matuson (2013) alerta que a manutenção da geração atual deve se dar em consonância com o preparo para o ingresso das gerações futuras. Por um lado, os talentos atuais já comprovaram suas contribuições. Por outro, a organização deve identificar, mantendo todos os cuidados possíveis, quais candidatos são capazes de se tornar futuros talentos.

O fundamental é a organização saber o que procura. Isso torna mais fácil o planejamento de ações visando à redução das diferenças entre o que a organização precisa e aquilo de que dispõe no momento. Tal lucidez permite a realização de investimentos efetivos destinados a tornar esses profissionais talentos em curto espaço de tempo.

Resumindo, enfatizamos, a partir de vários ângulos, a relevância contemporânea da identificação de talentos na sustentação de vantagens competitivas. Continuaremos chamando a atenção das duas questões críticas que antecedem a identificação de talentos: a atração e a seleção desses profissionais.

Processos seletivos para identificação de talentos

Para a organização identificar e selecionar talentos, ela precisa inicialmente despertar o interesse de profissionais talentosos em ingressar no seu quadro funcional. Há várias alternativas para a consecução desse propósito. Ilustraremos algumas a seguir:

❑ manter a valorização da marca, pois organizações cujas imagens são depreciadas não atraem candidatos, talentos, nem potenciais talentos;

❑ manter a coerência entre o discurso e a prática é fundamental, na medida em que evita o descrédito na organização, quando, por exemplo, valores e atitudes veiculados como importantes não são praticados no cotidiano;

❏ efetuar investimentos que extrapolam o financeiro atrai talentos do mercado, sobretudo se houver evidências de que os gestores priorizam o diálogo, objetivando seu desenvolvimento;

❏ manter atenção aos custos de não conformidade evita riscos decorrentes da ausência de uma análise criteriosa capaz de apontar as prioridades na redução de custos. A contratação de um profissional sem o perfil necessário com o intuito de remunerar menos do que ele merece é um exemplo. Essa decisão pode elevar custos *a posteriori* com treinamentos para alinhar o perfil do contratado às demandas organizacionais. A recusa da organização em adquirir um software específico argumentando a necessidade da redução de despesas sem a devida análise de suas vantagens é outro exemplo. Essa decisão também pode gerar prejuízos futuros, pois os erros humanos poderiam ser eliminados se o referido software fosse incluído no processo produtivo.

Após a atração da amostra dos candidatos potencialmente com os perfis desejados, o próximo passo para a identificação de talentos é a seleção daqueles que deverão ser contratados. Mais uma vez, os direcionadores estratégicos e o plano de cargos se constituem nos alicerces de um processo seletivo adequado e coerente, que visa à identificação de talentos e que, segundo Matuson (2013), deve ser estruturado a partir de um conjunto de ações alinhadas à cultura organizacional.

O início desse processo reside na escolha dos profissionais que conduzirão as ações de seleção. Para tanto, é primordial o envolvimento de profissionais da área de RH com perfis que se distinguem pela qualificação técnica e comportamental.

Essa nem sempre é uma tarefa fácil devido à escassez, no mercado, de cursos centrados em técnicas de seleção e, especialmente, voltados para a identificação de talentos.

Em geral, a seleção prossegue com uma entrevista apoiada no que está descrito no currículo do candidato para subsidiar perguntas relacionadas às competências mapeadas pela organização. Esse é um momento importante, tanto para a organização quanto para o candidato. Por um lado, a organização verifica se o candidato é ou não o profissional que ela está buscando. Por outro, o profissional tem a oportunidade de verificar se a organização é ou não merecedora de sua contribuição e, portanto, decidir se deseja ou não continuar o processo seletivo.

Não podemos deixar de ressaltar que um processo seletivo atrativo aumenta a chance de um talento se interessar pela organização. Uma das variáveis a serem consideradas é o tempo da entrevista. Ela deve ser suficiente para que ambos – organização e candidato – estabeleçam um contato que forneça conhecimentos úteis à tomada de decisão por parte tanto de um quanto de outro.

Além disso, a entrevista iniciada no horário marcado e a transparência quanto aos próximos passos, por parte do entrevistador, evitam a ansiedade no candidato e, principalmente, sinalizam respeito para com ele, possibilitando que o candidato construa uma adequada imagem da organização.

Outro aspecto a ser considerado no processo seletivo de talentos refere-se à participação do gestor na entrevista. Afinal, é ele quem deve tomar a decisão sobre com quem quer trabalhar. Quem melhor conhece as necessidades da área e, portanto, o perfil mais adequado para atendê-las? Contudo, sua participação na entrevista requer preparo. Salvo algumas exceções, essa atividade não é pertinente à sua área de formação. Por essa razão, o desenho do roteiro da entrevista e a administração do tempo devem ser planejados em conjunto com os profissionais de RH. A segurança do gestor na condução da entrevista favorece sua tomada de decisão.

Em síntese, os envolvidos no processo devem ser capazes de identificar e conquistar os talentos. O fortalecimento da imagem da organização no mercado aumenta o interesse das pessoas para ingresso em seus quadros. Ao contrário, a postura de descaso durante e ao final do processo pode provocar o desinteresse do candidato em relação à organização (Trindade, 2007).

A ausência do retorno do resultado, outra atitude usual, enfraquece a imagem da organização junto ao candidato. Essa postura denota falta de respeito para com ele. Em última instância, envolve questões éticas relacionadas ao papel do selecionador, pois o processo seletivo deve ter início, meio e fim, e todos os envolvidos têm direito de saber a resolução final.

Entendemos ser importante reiterar que alguém competente, considerado talento para alguns, nem sempre é o selecionado. A vaga em aberto pode exigir alguém com o perfil do candidato ou pode ocorrer a identificação de vários talentos no processo.

Finalizamos as considerações relativas ao processo seletivo recomendando a investigação das razões que motivaram as recusas dos talentos às propostas da organização. A compreensão desses motivos possibilitará a correção de erros ou falhas não detectados que provocaram tais negativas.

As características e expectativas dos candidatos são outros fatores a serem considerados na seleção, sobretudo se a busca se refere a um talento. As variáveis que produzem as diferenças são distintas, como o tempo de formação, a personalidade e a geração.

Especificamente, destacaremos a seguir as questões críticas vinculadas aos perfis geracionais, tendo em vista sua importância na dinâmica do contexto contemporâneo.

Características e expectativas dos perfis geracionais

O atual cenário de negócio exige o convívio de profissionais de diferentes gerações nas organizações contemporâneas. A administração dessa convivência, entretanto, requer o delineamento de estratégias, especialmente vinculadas à valorização e à retenção, caso contrário, é provável que a resolução de conflitos porventura existentes não seja bem-sucedida. Assim, a organização deve se empenhar para obter informações úteis a respeito das gerações às quais pertencem os profissionais que atuam nas organizações, como as que se seguem:

❑ o conhecimento dos contextos em que eles cresceram;
❑ as tendências culturais às quais eles estiveram expostos;
❑ as mudanças políticas e sociais que os influenciaram.

O ambiente multigeracional exige das organizações o repensar de suas políticas e práticas de gestão de pessoas, sobretudo se o propósito for a retenção de talentos. As experiências que moldaram as gerações influenciam as percepções dessas pessoas, por exemplo, a respeito da vida organizacional, do papel que o trabalho exerce em suas vidas e das suas expectativas de recompensas na esfera profissional (Beechler e Woodward, 2009).

Mas o que significa *geração*? As conceituações são inúmeras.

Jeffries e Hunte (2004) defendem que o conceito *geração* representa um grupo de pessoas nascidas em um determinado período que compartilham experiências comuns no contexto histórico e social e que estão predispostas a um modo comum de pensamento e comportamento. Os autores assinalam que essa predisposição não significa, necessariamente, que características e atributos sejam rigorosamente compartilhados por todos aqueles nascidos nesse mesmo período.

Para esses autores, portanto, sempre haverá risco ao agrupar as pessoas em gerações e descrever suas características, pois não se pode prever com precisão atitudes ou comportamentos individuais. Daí a relevância da compreensão das diferenças geracionais e de suas implicações no ambiente de trabalho, no entendimento de suas necessidades. Como se verifica, a idade não basta para se considerar um grupo como da mesma geração.

Oliveira (2010) expõe essa posição argumentando ser necessária a identificação de um conjunto de vivências compartilhadas. Elas determinarão se as pessoas da mesma faixa etária fazem parte ou não da mesma geração. Em concordância com outros autores, para ele o que forma cada geração não é a data de nascimento, e sim o contexto em que ela viveu enquanto estava se formando.

Esse posicionamento se fortalece diante da afirmação de Lancaster e Stillman (2011), de que o sucesso da organização depende da compreensão de que cada geração possui formas únicas de ver o mundo e de que, com tal percepção, se pode, além de aceitar suas diferenças, passar a adotá-las e usá-las como vantagem estratégica.

Em linhas gerais, vários autores, como os mencionados, convergem, concordando que a interferência de fatores externos e internos produz diferenças nos modos de pensar e agir. Logo, as histórias de vida, a personalidade e os valores influenciam um indivíduo nascido em uma determinada geração a ter expectativas e comportamentos de outra geração, próxima de sua idade. Apesar disso, a literatura sobre o tema aponta a coexistência de quatro gerações nas organizações:

- ❏ tradicionalistas (também denominados veteranos);
- ❏ *baby boomers*;
- ❏ geração X;
- ❏ geração Y.

Os estudos de Veloso, Dutra e Nakata (2008) argumentam que o convívio de indivíduos com valores, aspirações e contratos psicológicos diferentes daqueles priorizados pelas suas lideranças pode ocasionar conflitos, pois tais pessoas tendem a ter visões de mundo distintas.

Complementando, os referidos autores apontam que há divergências quanto ao início de cada geração, porém asseguram que elas não são significativas quanto às suas características. Daí a decisão de compartilharmos aquelas típicas de cada geração.

A geração considerada *tradicionalista* se refere às pessoas nascidas até 1945. Alguns autores associam o momento histórico que viveram às suas características pessoais. Elas enfrentaram a guerra, experimentaram um ambiente de escassez e tiveram a necessidade de reconstruir o mundo para sobreviver. Portanto, a criação em um ambiente de incerteza incentivou a busca de um futuro melhor para a família. Por essa razão, muitos se sacrificam para a consecução de seus objetivos, respeitam autoridades, valorizam o trabalho, a família, a moral e o amor à pátria. Apesar de a maioria das pessoas dessa geração já ter se aposentado, ou estar em vias de se aposentar, o aumento da expectativa de vida e as transformações ocorridas na sociedade ainda as mantêm produtivas.

A geração denominada *baby boomers* diz respeito às pessoas que nasceram entre 1946 e 1960. O contexto histórico que a influenciou caracteriza-se pela esperança do desenvolvimento econômico do pós-guerra e pelo aumento da competitividade. É provável que tais fatos tenham estimulado sua dedicação ao trabalho em detrimento da vida pessoal e, ainda, sua necessidade de reconhecimento e valorização.

Em geral, essa geração, focada no trabalho, segue regras estabelecidas, demonstrando forte compromisso e lealdade para com a organização. Em decorrência, ela busca estabilidade e segurança na relação profissional. Por influência dos modelos de gestão mecanicistas, predominantes à época, ela tende a preferir sistemas de reconhecimento por senioridade. Portanto, seus indicadores de sucesso residem na posição que ocupa na hierarquia e no ganho financeiro.

No ambiente organizacional, essa geração revela cautela diante das mudanças e tende a evitar conflitos, utilizando a habilidade política ao lidar com a autoridade (Erickson, 2011).

Por sua vez, a *geração X* nasceu entre meados dos anos 1960 e início da década de 1980. Ela não vivenciou o clima de otimismo da geração anterior. Por exemplo, o surgimento da Aids, em 1981, marcou fortemente essa geração. As pessoas que pertencem a ela entraram na adolescência e na vida adulta sob o temor dessa doença (Lombardía, Stein e Pin, 2008).

A percepção do sucesso profissional, para essas pessoas, difere daquela explicitada por seus pais. Elas nutrem desilusão em relação aos valores deles. E são descrentes e desconfiadas em relação às organizações que não compartilham o mesmo compromisso dos *baby boomers* para com as organizações nas quais trabalham.

Elas são práticas e focadas em resultados, porém pensam mais em si mesmas e, logo, não se apegam a cargos ou empregos. Ao contrário, ao priorizarem o equilíbrio entre a vida e o trabalho, preferem trabalhar para si próprias, pois seus valores se vinculam à qualidade de vida, aos horários flexíveis de trabalho e à independência (Smola e Sutton, 2002). O trabalho é um meio de aprendizagem e crescimento. Logo, seu relacionamento com a autoridade é informal.

Por sua vez, as pessoas pertencentes à denominada *geração Y* nasceram no período de 1980 a 2000, sob a influência da globalização e da velocidade dos avanços tecnológicos. Em função disso, o compartilhamento de informações e o constante contato com pessoas no ambiente virtual, dentro e fora das organizações, são algumas de suas características mais destacadas.

Há outras características típicas que distinguem a geração Y das gerações anteriores. De modo geral elas são pessoas imediatistas, inquietas, auto-orientadas, decididas, focadas em resultados, contestadoras, inovadoras e flexíveis. Devido à necessidade da autonomia e da mobilidade, elas evidenciam dificuldade para lidar com restrições, limitações e frustrações. Por isso, essas pessoas enfrentam problemas em face de sua insubordinação às "regras do jogo" da organização.

É uma geração que, por encarar o trabalho como desafio e diversão, prioriza o lado pessoal em relação às questões profissionais. Daí a ausência do medo da rotatividade de empregos (Coimbra e Schikmann, 2001).

Estudiosos dessa geração apontam que ela busca organizações que não impõem barreiras à sua liberdade e à transferência de seus conhecimentos e habilidades para a organização.

Considerando que o trabalho é uma fonte de satisfação, o aprendizado constante é mais importante do que a segurança oferecida pelo vínculo empregatício permanente. O trabalho para os profissionais da geração Y precisa ter um sentido.

Tanure, Carvalho Neto e Andrade (2007) ratificam tais afirmações, chamando a atenção para o fato de que profissionais pertencentes a essa geração vivenciaram mudanças rápidas e constantes. Por conta disso, eles transferem para o ambiente corporativo a inquietação que os impulsiona a mudar de organização sempre que suas necessidades não são atendidas no que tange à ascensão na carreira.

Em sua maioria, essa geração se encontra presente nas organizações contemporâneas, impondo o repensar das práticas de gestão de pessoas, até então baseadas nos valores e anseios de outras gerações. A geração Y sofre a influência das demandas da lógica de gestão flexível. As gerações anteriores foram modeladas pela lógica mecanicista. Daí a geração Y desvalorizar o modelo tradicional de selecionar, gerenciar e reter os empregados.

Analisando as características dessa geração, Lombardía, Stein e Pin (2008) alertam que ela é motivada pelo alcance de resultados desafiadores, pela remuneração associada a resultados obtidos e pela conciliação entre vida profissional e pessoal. As considerações aqui apresentadas, leitor, nos autorizam a afirmar que ações organizacionais visando à retenção de talentos e à valorização desses profissionais requerem atenção ao fato de que cada geração possui características e motivações próprias. Por isso, a importância de a organização investigar as motivações que impulsionam cada uma das gerações. Entre outros motivos para a promoção de ações efetivas destinadas à retenção de talentos, algumas merecem destaque. Elas evitam a descontinuidade do trabalho e a perda do conhecimento acumulado desse profissional, em muitas ocasiões, para o mercado concorrente. Apesar disso, presenciamos, com constância, uma atuação tardia de várias organizações no que se refere à fuga dos talentos. Elas não se antecipam na identificação do que os atraiu e, também, dos fatos que motivam sua permanência na organização.

Diante desses problemas, são necessárias reflexões contínuas a respeito das expectativas dos profissionais considerados talentos de gerações distintas, pois, se atendidas, elas estimulam seu sentimento de valorização e, em decorrência, favorecem sua retenção na organização.

Entendemos, portanto, ser oportuno abordar uma das questões centrais vinculadas à retenção de talentos: o atendimento de suas expectativas.

A diversidade que caracteriza o ser humano impossibilita a discriminação de todas as expectativas que asseguram a retenção de talentos na organização. Entretanto, há fatos reincidentes que revelam condições que incentivam sua permanência nas organizações em que atuam.

Branham (2002) aponta que os fatores que causam maior impacto na retenção desses profissionais se vinculam à carreira, à remuneração, às recompensas e ao contexto do trabalho, no que diz respeito à ambiência, ao nível de pressão, ao estresse, aos estilos de gestão, à natureza do trabalho e, ainda, ao local de trabalho.

Nossas experiências profissionais junto ao mercado nos autorizam a confirmar o posicionamento desse autor. Nós, autoras deste livro, observamos que práticas dirigidas à gestão do desempenho, à carreira e às recompensas criam condições favoráveis à retenção de talentos. O ambiente saudável e relações de trabalho que propiciem o atendimento simultâneo de necessidades profissionais e individuais também surtem efeito similar.

Contudo, práticas, por si sós, são incapazes de estimular o sentimento de pertencimento. Organizações que se destacam pela capacidade de reter e valorizar talentos caracterizam-se pela preocupação em manter os elos que alicerçam a interdependência entre os processos que integram a cadeia produtiva gestão de pessoas. Algumas merecem destaque:

❏ a gestão do desempenho prioriza a delegação de desafios crescentes de modo compartilhado, a autonomia e *feedbacks* sistemáticos quanto aos *gaps* de competências;

❏ a gestão da carreira propicia contínuas oportunidades de crescimento, apoiadas em planos que aceleram o desenvolvimento profissional e pessoal;

❏ a gestão de recompensas cumpre "promessas" relativas ao alcance de resultados obtidos;

❏ a gestão da ambiência investe em condições que fomentam o bem-estar pessoal;

❏ a gestão das relações de trabalho fortalece o vínculo entre o indivíduo e a organização.

Além disso, inúmeras organizações estimulam a capacidade de inovação de profissionais que elas consideram talentos, uma condição necessária ao desenvolvimento de novos produtos e serviços que lhe permitem manter a competitividade.

Em contraposição, outras organizações dificultam a retenção e a valorização de talentos ao rejeitar modelos e práticas com premissas assentadas na lógica de gestão flexível, conforme aquelas ilustradas anteriormente. As manifestações da resistência se explicitam por facetas distintas tanto em nível organizacional quanto pessoal.

Situações como as que aqui apresentamos atestam essa afirmação: priorização do atendimento dos interesses organizacionais em detrimento dos individuais; escassez ou ausência de ações estratégicas visando à retenção e valorização de talentos; ações de retenção restritas àquelas impostas pelo sindicato; líderes que impedem a transferência de talentos para outras áreas nas quais o potencial desses profissionais poderia ser mais bem aproveitado.

Até certo ponto esses fatos são compreensíveis, se pensarmos que, de modo geral, as organizações são geridas por pessoas pertencentes a gerações anteriores à geração Y que, em sua maioria, alcançaram posições de destaque na organização devido à sua experiência.

Porém a organização deve se conscientizar de que as expectativas de profissionais pertencentes a gerações diferentes são distintas, de tal modo que, muitas vezes, são demandadas intervenções por parte da organização para promover o alinhamento de expectativas individuais e profissionais. A negligência quanto à gestão das discrepâncias de expectativas de profissionais de gerações diferentes pode ser uma barreira, às vezes intransponível, aos propósitos organizacionais.

A experiência permite às autoras deste livro supor que algumas organizações desconhecem o fato de que expectativas individuais se originam de necessidades que resultaram de variáveis intra e interpessoais e que afetaram e afetam o indivíduo no decorrer de sua existência. A geração à qual uma pessoa pertence é uma das variáveis que influenciam o modo de o indivíduo pensar e agir.

A título de ilustração, imaginemos um gestor pertencente à geração *baby boomer* responsável pelo desenvolvimento de um projeto de retenção de pessoas. É provável que ele priorize valores referentes à dedicação e à lealdade ao trabalho e à organização em que atua. Logo, suas proposições refletirão tais valores. Nesse caso, a obediência às regras institucionais, entre outros comportamentos típicos dessa geração, poderá dificultar a compreensão do gestor de como se pode agir sem se pautar em regras preestabelecidas. Ele valoriza referenciais.

Esse exemplo demonstra como a divergência entre as expectativas de gerações distintas pode acarretar a perda de talentos. Enquanto a geração *baby boomer* valoriza a segurança e a estabilidade, o enfrentamento de desafios motiva a geração Y e, quando isso não é possível, os talentos dessa geração podem se desligar da organização para ir em busca de novas oportunidades.

O fato é que, na atualidade, inúmeras organizações se defrontam com um problema denominado "vale de talentos", assim definido pelos próprios profissionais que compõem seus quadros funcionais. Mas do que se trata?

Sabemos ser fundamental a necessidade de contribuições oriundas de profissionais de todas as gerações para o alcance dos resultados desejados pelo negócio. No entanto, as contribuições humanas diferem umas das outras. Alguns contribuem devido ao acúmulo de conhecimento adquirido por um longo tempo sobre a história e a evolução da organização. Outros, por sua vez, contribuem em face de suas *expertises*, por exemplo, relativas ao domínio de conhecimentos alinhados aos avanços tecnológicos que propiciam melhoria contínua aos processos de trabalho.

Contudo, observamos que os problemas provocados pelas diferenças existentes entre profissionais de gerações distintas superam os benefícios que elas poderiam trazer às organizações. Enquanto os mais antigos demonstram dificuldades para a assimilação de novas tecnologias com a rapidez requerida, os mais novos resistem a aprender com a experiência dos mais antigos. No dia a dia é difícil identificar profissionais que se percebam entre o conhecimento primordial e a ânsia de buscar novas formas e métodos de atuação, com capacidade de fazer a ponte entre os dois extremos, e, mais, com a sabedoria de avaliar e extrair as oportunidades existentes em função das diferenças geracionais.

Esse fenômeno, informalmente, denominado "vale de talentos" sinaliza a importância de a organização desencadear ações de sensibilização visando à retenção de talentos, por exemplo, caracterizadas por decisões consensuais, que incluem os envolvidos.

O planejamento e a implantação de ações de retenção devem ocorrer imediatamente após a definição das ações de sensibilização. Caso contrário, a organização corre o risco de haver aumento da resistência. Nesse sentido, é oportuno lembrar que a mudança pode ocorrer por amor ou pela dor. Na maioria das vezes, aquela motivada pelo amor se torna mais efetiva e duradoura na medida em que é processada internamente. Ao contrário, a mudança pela dor decorre de pressões externas e, se suprimidas, retornam o indivíduo ao estado original.

A figura 2 resume as etapas a serem realizadas no cotidiano organizacional para a efetivação da mudança pelo amor. No âmbito da gestão de talentos de gerações distintas, ela gera ganhos de eficácia.

Concluindo, enfatizamos que a compreensão das necessidades de mudanças e adaptações ao contexto de negócios é insuficiente para reter talentos. De modo semelhante, de nada adianta a identificação de profissionais potencialmente capazes de se constituir em fontes de vantagens competitivas se a cultura da organização não favorecer essa transformação. Da mesma forma, tanto a liderança quanto a área de RH desempenham papéis relevantes na permanência, na organização, de talentos comprometidos com o negócio. Essas questões serão abordadas no próximo capítulo.

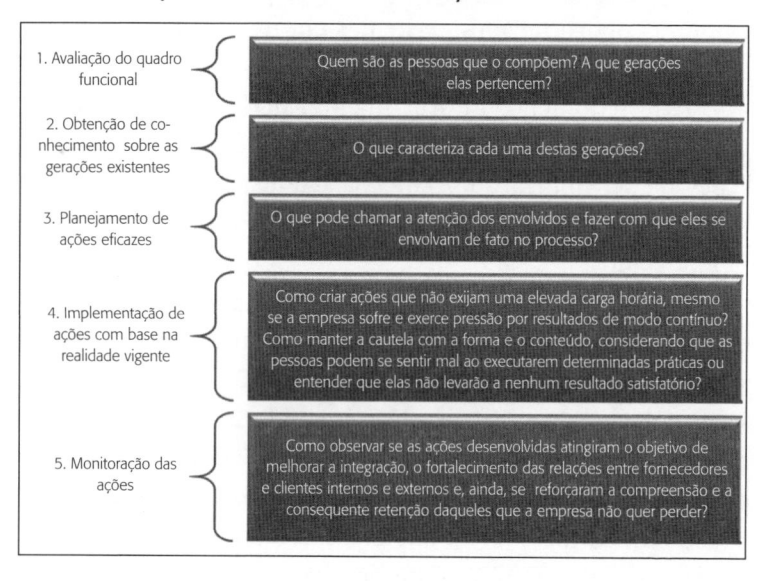

Figura 2

AÇÕES PARA GESTÃO DA RETENÇÃO DE TALENTOS

1. Avaliação do quadro funcional

Quem são as pessoas que o compõem? A que gerações elas pertencem?

2. Obtenção de conhecimento sobre as gerações existentes

O que caracteriza cada uma destas gerações?

3. Planejamento de ações eficazes

O que pode chamar a atenção dos envolvidos e fazer com que eles se envolvam de fato no processo?

4. Implementação de ações com base na realidade vigente

Como criar ações que não exijam uma elevada carga horária, mesmo se a empresa sofre e exerce pressão por resultados de modo contínuo? Como manter a cautela com a forma e o conteúdo, considerando que as pessoas podem se sentir mal ao executarem determinadas práticas ou entender que elas não levarão a nenhum resultado satisfatório?

5. Monitoração das ações

Como observar se as ações desenvolvidas atingiram o objetivo de melhorar a integração, o fortalecimento das relações entre fornecedores e clientes internos e externos e, ainda, se reforçaram a compreensão e a consequente retenção daqueles que a empresa não quer perder?

2

A influência do contexto organizacional

Até então, ressaltamos que a retenção de talentos se tornou uma estratégia corporativa visando à sustentação de vantagens sobre a concorrência. Por isso, vimos que a evasão de talentos acarreta transtornos indesejáveis, como a elevação de custos e prejuízos à imagem e ao desempenho organizacional, porém destacamos também que apenas o desejo da retenção é insuficiente.

Organizações interessadas em reter talentos efetuam intervenções planejadas visando provocar mudanças efetivas nos papéis da liderança e da área de RH. Além disso, elas se empenham no fortalecimento de culturas que favoreçam a retenção de talentos como uma estratégia efetiva.

O papel dos líderes

As organizações dependem das pessoas para sobreviver nesses tempos de mudanças velozes e turbulentas. Conforme apontam alguns autores, principalmente desde o início deste século, a liderança desempenha um papel fundamental na retenção de talentos.

Líderes são os principais responsáveis pela aprendizagem contínua nas organizações (Senge, 2002). Eles contribuem para a construção de organizações que possibilitam ao indivíduo a expansão de sua capacidade de entendimento das complexidades, o esclarecimento de visões e, ainda, o compartilhamento dos modelos mentais.

Albuquerque (2002:39) alerta ainda que "pessoas são parceiras no trabalho, nas quais a empresa investe para conseguir melhores resultados empresariais". Michaels, Handfield-Jones e Axelrod (2002) concordam, ressaltando que quanto mais a liderança atua em parceria com RH, maior a possibilidade de a organização reter talentos.

Ulrich (2002), caminhando na mesma direção, compartilha a importância da atuação em parceria e propõe quatro papéis gerenciais, caracterizados pela corresponsabilidade entre a área de RH, os líderes e seus liderados:

❑ administração estratégica de RH;
❑ administração de transformação e mudanças;
❑ administração de infraestrutura da empresa;
❑ administração da contribuição dos funcionários.

Mayo (2003), por sua vez, defende que no atual cenário corporativo o capital humano é mais importante do que o financeiro, pois apenas pessoas efetuam entregas e criam valor para os acionistas.

De modo alinhado, Micchelman (2003) enfatiza a importância do papel dos gestores na retenção de talentos devido à sua responsabilidade no alcance de metas desafiadoras por parte de seus liderados. Algumas organizações, por exemplo, atribuem compensações variáveis para quem mantiver as taxas de evasão de talentos em patamares baixos, enquanto em outras os gestores são recompensados se demonstrarem capacidade para estimular o desenvolvimento de empregados talentosos, transferindo-os para áreas nas quais os desafios têm maior peso na própria organização. O propósito é evitar o risco de perder o profissional para organizações concorrentes.

Ampliando o olhar sobre a gestão de talentos, Stefano (2008) destaca a importância dos líderes na criação de ambientes que estimulam contribuições humanas que adicionam valor ao negócio.

Vários autores concordam que o papel do líder é fundamental na retenção de talentos. Sua função consiste em estimular e orientar pessoas para cumprir a missão, concretizar a visão e alcançar os resultados previstos, desafios que requerem, principalmente, a capacidade da liderança para mobilizar e comprometer talentos com o negócio, pois indivíduos conscientes do seu valor para a organização tendem a permanecer nela, oferecendo o que têm de melhor. Trata-se de uma exigência contemporânea para atender às demandas da economia global.

Como destacamos anteriormente, abordagens estratégicas, orientadas pela lógica de gestão flexível, exigem o deslocamento da tradicional ação gerencial, centrada no controle das ações dos empregados, para a busca de seu comprometimento com o trabalho a ser realizado.

Quanto maior a aderência da atuação gerencial às referidas abordagens – percepção de que o indvíduo é um item de custo ou uma fonte de vantagem competitiva –, maior a possibilidade de a organização reter talentos, pois, segundo inúmeros estudiosos do tema, a importância do papel do líder reside na transformação de indivíduos em parceiros do negócio. As premissas dos modelos de gestão flexíveis, subjacentes às práticas que objetivam a obtenção de desempenhos competitivos, demandam a capacidade da liderança para construir vínculos interpessoais, ou seja, elos capazes de assegurar a interdependência entre indivíduos e unidades de negócio. Tais vínculos dão concretude à atuação em parceria.

A construção da parceria entre líder e liderado, no entanto, requer líderes conscientes de sua importância no atual cenário corporativo. Eles mobilizam, provocam a motivação e propiciam a comunicação eficaz com o outro, entre outras posturas que auxiliam o estímulo do desejo do indivíduo de permanecer na organização. Por exemplo, definem metas por consenso, ampliam a autonomia decisória, valorizam opiniões e ideias, demonstram abertura ao outro praticando a empatia, ouvindo ativamente, aceitando a diferença, entre outros comportamentos.

A capacidade da liderança de construir parcerias é um fator decisivo na retenção de talentos. No entanto, há líderes que ainda não se percebem como os principais responsáveis pela retenção de talentos. Diante da ausência da consciência de alguns líderes de sua real importância para o negócio, eles transferem para a área de RH a responsabilidade de "tratar desse assunto". Trata-se de um comportamento gerencial inadequado que, entre outras consequências, estimula a evasão de talentos, sobretudo se estiver aliada ao autoritarismo, à prepotência e à manipulação.

As competências interpessoais são as bases de sustentação das parcerias, sobretudo em ambientes competitivos. Mas, além disso, os líderes devem ter conhecimento suficiente do negócio para ampliar a visão sistêmica do capital humano sob sua responsabilidade. Mas, o que significa *capital humano*, conceito que, devido à sua banalização, prejudica tomadas de decisão justas?

Há quem compreenda capital humano (CH) como um conjunto de equipes que evidenciam elevado nível de competência técnica. Organizações que demonstram essa linha de pensamento consideram indivíduos fontes de vantagens competitivas. Por isso priorizam investimentos direcionados à atualização de competências técnicas necessárias à execução das estratégias corporativas, definidas para a concretização de sua visão organizacional.

Entretanto, a ênfase nessa ótica é incapaz de estimular o desejo do indivíduo de permanecer na organização, sobretudo se ele for considerado um talento. A organização interessada em administrar estrategicamente seus recursos humanos deve se empenhar para gerir os capitais humano, social e psicológico. Esse modo de pensar e agir requer a construção de parcerias, o que, por sua vez, criará condições adequadas à sustentação do comprometimento das pessoas com o negócio.

Antes de prosseguirmos, vamos abordar o que distingue os referidos capitais para evitar distorções sobre seus significados e as práticas decorrentes.

Gestão dos capitais humano, social e psicológico

A gestão efetiva dos capitais humano, social e psicológico é fundamental para a sustentação da imagem de excelência da organização. Ela condiciona a integração dos três níveis de desempenho (individual, grupal e organizacional), fortalece a interdependência entre indivíduos e unidades de negócio e, além disso, cria ambientes de trabalho que estimulam o desejo de permanência na organização de modo motivado.

O quadro 1 resume as principais diferenças.

De acordo com o disposto no quadro 1, a gestão do capital humano prioriza a atualização contínua de conhecimentos e competências técnicas demandados pelo mercado e pelo negócio. É usual a liderança privilegiar o domínio de conhecimentos e competências técnicas particularmente dirigidos ao alinhamento estratégico.

Em função dessa circunstância, a experiência profissional junto a organizações públicas e privadas nos autoriza a afirmar que investimentos direcionados à gestão exclusiva do capital humano são incapazes de sustentar posições privilegiadas da organização no mercado, sobretudo resultantes de contribuições de profissionais talentosos.

Quadro 1
FATORES QUE DISTINGUEM O CAPITAL HUMANO, O CAPITAL SOCIAL E O CAPITAL PSICOLÓGICO

Capital humano	Capital social	Capital psicológico
Refere-se aos conhecimentos adquiridos pelo indivíduo	Refere-se a quem o indivíduo conhece.	Refere-se a quem o indivíduo é e àquilo que pode se tornar.
Ênfase nas competências técnicas do indivíduo.	Ênfase nas redes sociais formadas pelos indivíduos.	Ênfase nas capacidades psicológicas e no potencial do indivíduo.
Foco no passado e no presente.	Foco no passado e no presente.	Foco no presente e no futuro.
Vinculação a fatores derivados da experiência e educação.	Vinculação a fatores relativos às relações sociais.	Circunscrito às capacidades psicológicas positivas.
Operacionalização a partir de investimentos educacionais e da transferência de informações de experiência profissional para a realidade.	Operacionalização a partir da construção de vínculos de confiança na atualidade, mediada por recursos disponíveis nas redes sociais, regras e normas que regulam a ação social.	Operacionalização a partir do desenvolvimento de quatro capacidades psicológicas positivas: a autoeficácia, a esperança, o otimismo e a resiliência.
Foco nos mecanismos de gestão relativos ao recrutamento e à seleção de pessoal, à formação e ao desenvolvimento, ao *coaching*, à mentoria e ao rodízio de funções (*job rotation*).	Foco nos mecanismos de gestão relacionados à abertura de canais de comunicação, ao desenvolvimento de programas que promovem o equilíbrio entre vida e trabalho e, ainda, na construção de equipes de trabalho multifuncionais.	

Fonte: adaptado de Luthans, Youssef e Avolio (2007:23).

Se a lógica de gestão flexível demanda o funcionamento da organização como uma cadeia produtiva, então ela requer líderes que também se dediquem à gestão do capital social. Ela promove relações sociais no trabalho que possibilitam a construção de redes sociais, uma ação social interdependente, conforme salientam Luthans, Youssef e Avolio (2007). Nesse sentido, líderes devem desenvolver sua capacidade para construir parcerias, como diria Rego (2007:20).

Entretanto, parcerias resultam da qualidade do vínculo entre indivíduos e, também, entre o indivíduo e a organização, cujo alicerce é o sentimento de confiança (Schutz, 1989). Por sua vez, o fortalecimento do sentimento de confiança nas organizações depende, principalmente, de líderes que percebam a importância da gestão do capital psicológico para a consecução desse propósito. Se adequadamente conduzido, o despertar do sentimento de pertencimento (Shutz, 1989) acentua a vontade do indivíduo de permanecer na organização, e mais, entregando o que tem de melhor (conhecimentos, habilidades e atitudes) visando à obtenção dos resultados desejados. O indivíduo passa a se sentir parte do todo ao perceber que seu trabalho tem valor para a construção de algo maior (Rego, 2007:20).

Nesse sentido, algumas posturas gerenciais merecem destaque: delegação de desafios crescentes definidos por consenso; foco na diversidade do trabalho; inclusão dos envolvidos no processo decisório; autonomia de atuação; criação de oportunidades para o indivíduo se expressar, sugerir inovações e transformar ideias em ações; disponibilidade para ouvir de modo ativo; respeito à diferença; empenho na busca de um relacionamento interpessoal saudável.

Ao contrário, a ausência ou a gestão inadequada do capital psicológico constrói ambientes de trabalho marcados por sentimentos destrutivos, como a inveja, o narcisismo e a excessiva competitividade, sentimentos que fragilizam vínculos interpessoais saudáveis necessários ao fluxo da cadeia produtiva sem entraves e que, entre outras consequências, provocam a evasão de talentos.

Organizações conscientes da relevância da gestão dos capitais humano, social e psicológico compreendem que tecnologias, recursos financeiros e materiais, entre outros, são insuficientes para assegurar às organizações contribuições humanas em nível de excelência e, portanto, garantir vantagens competitivas sustentáveis. Rego (2002:20) concorda, acentuando que:

> A gestão de pessoas é uma função complexa. As empresas mais competitivas não são necessariamente as que possuem os colaboradores mais talentosos, mas aquelas que, para além dos talentos e de um rico capital social, nutrem e se beneficiam do capital psicológico dos seus colaboradores.

Em suma, a gestão desses capitais favorece a transferência de conhecimentos dos talentos para a realidade, fomenta a aplicação de habilidades e a adoção de atitudes que propiciam a obtenção de resultados desejados, conforme resumido no quadro 2.

As informações apresentadas no quadro 2 tornam possível supor que nem sempre uma equipe constituída por integrantes com elevados níveis de escolaridade e/ou certificados por instituições acadêmicas renomadas assegura resultados efetivos. A crença que o foco deve ser exclusivamente na gestão do capital humano, em detrimento do social e psicológico, dificulta, e até mesmo impede, a retenção de talentos.

Resumindo, esta seção ressaltou que, desde a década de 1990, as pressões competitivas vêm impulsionando mudanças organizacionais que, entre outras consequências, tornaram a retenção de talentos uma ação estratégica que assegura vantagens competitivas. Porém, como vimos, a suposta escassez ou a competição por talentos, no campo das organizações, acentua a importância da atuação da liderança em sua retenção e valorização.

A gestão de talentos, contudo, não se restringe à atuação da liderança. Ela requer um tratamento sistêmico, ou seja, articulado com outras dimensões organizacionais.

A seção a seguir concentra-se na influência do papel da cultura organizacional na retenção e valorização de talentos e, posteriormente, analisamos os impactos da área de RH na consecução desse propósito.

Quadro 2

FORMAS DE CAPITAL

Formas	Questão crítica	Aspectos relevantes	Exemplos de posturas adequadas
Tradicional	O que temos?	□ Capital financeiro □ Capital estrutural □ Capital tecnológico	□ Foco na eficácia da gestão financeira. □ Atuação prudente nos investimentos. □ Conduta atenta às inovações tecnológicas. □ *Benchmarking*.
Humano	O que sabemos?	□ Conhecimento explícito □ Conhecimento tácito □ Experiência	□ Critérios adequados de atração. □ Seleção de pessoas com potencial para transferir para a realidade conhecimentos úteis à organização. □ Ênfase na formação e no desenvolvimento. □ Estímulo ao *coaching* e *mentoring*. □ Construção de conhecimentos tácitos, por exemplo, a partir do rodízio de funções.
Social	Quem conhecemos?	□ Redes de relacionamento □ Confiança □ Normas e valores □ Espírito de cooperação □ Engajamento	□ Valorização da comunicação aberta. □ Busca da construção de equipes multifuncionais. □ Implantação de programas de apoio ao bem-estar psicológico e de voluntariado.
Psicológico	Quem somos?	□ Autoconfiança □ Esperança □ Otimismo □ Resiliência	□ Delegação de metas desafiadoras, específicas e mensuráveis. □ Estímulo à autoconfiança a partir de devolutivas positivas de performance. □ Valorização dos envolvidos na participação em tomada de decisão. □ Criação de oportunidades de crescimento. □ Estímulo à resiliência a partir da formulação de estratégias destinadas à diminuição de riscos.

Fonte: adaptado de Rego (2002:20).

O papel da cultura organizacional

A produção acadêmica nacional e internacional, centrada no tema cultura organizacional, revela o interesse de inúmeros estudiosos na investigação de seus determinantes, de sua dinâmica e de suas consequências. Porém, a discriminação dos resultados, em sua totalidade, extrapola o escopo deste livro. Definimos, então, que o escopo da abrangência desta seção reside nas questões relativas ao significado do conceito "cultura organizacional" e à influência do seu papel na retenção e valorização de talentos.

Em primeiro lugar, convém salientarmos que o significado do conceito cultura organizacional, há muito, se mantém na pauta de debates, principalmente em ambientes acadêmicos. Apesar de a variação dos sentidos que lhe são atribuídos depender da linha de pensamento adotada, as concordâncias superam as discordâncias.

Por essa razão, e em concordância com alguns autores, compreendemos cultura organizacional como um elo que promove a ligação e a identificação entre os diferentes membros da organização, a despeito das suas diferenças hierárquicas, funcionais, educacionais e sociais, para a consecução dos objetivos organizacionais.

Ainda, a pluralidade de estudos nessa direção atesta que a cultura organizacional é um dos principais condicionantes internos na gestão de pessoas, conforme ilustrado a seguir.

Na concepção de Deal e Kennedy (1982), a cultura é um fator de diferenciação de organizações bem-sucedidas. Eles advogam que uma cultura forte atua como mola propulsora no sucesso da organização, evidenciando a estreita relação entre cultura e desempenho organizacional.

Por sua vez, os resultados das pesquisas de Schein (1985) evidenciam que a organização cria uma cultura própria, que reflete a sabedoria coletiva, oriunda das lições que as pessoas aprendem no decorrer do seu processo de adaptação e durante sua permanência. A cultura permite às pessoas entenderem o que significa "fazer acontecer". Ela atua como um código que orienta o comportamento das pessoas, construído a partir das lições aprendidas e reconhecidas como importantes a serem transmitidas à geração seguinte.

Mais recentemente, Denison e colaboradores (2012) construíram uma analogia utilizando a imagem de um *iceberg* para favorecer a compreensão da dinâmica das camadas que constituem o conceito cultura organizacional. As evidências apontaram que apenas 10% do *iceberg* é visível acima da água, e os outros 90% estão abaixo da superfície. Porém, a inércia da parte que está abaixo da superfície é o que irá afundar o navio (Denison et al., 2012).

Comportamentos e normas são visíveis e tangíveis. Porém, abaixo da água, há valores compartilhados e atitudes pessoais. E, apesar de a maior parte do *iceberg* estar abaixo da água, crenças, embora invisíveis e raramente questionadas, alicerçam comportamentos. À semelhança do que ocorre com o *iceberg*, os aspectos invisíveis da cultura podem prejudicar, por exemplo, decisões vinculadas à valorização e à retenção.

Além dos estudos centrados na conceituação desse tema, alguns estudos sistemáticos merecem destaque por sua influência na gestão de pessoas.

Tanure (2005) afirma que a organização é o espaço no qual ocorrem as interações sociais entre pessoas de diferentes regiões e países. As decisões de gestão que nele ocorrem podem ou não favorecer o alcance de resultados desejados. Além disso, alerta que globalização não significa, necessariamente, globalização dos valores culturais. Cada organização tem sua história, suas formas de internalização de crenças, suas tradições, seus mitos, valores, princípios e conhecimentos, em face da sujeição aos matizes de sua cultura e, particularmente, do país em que se localiza.

O ponto de partida, portanto, para a definição de políticas, estratégias e práticas visando à valorização e retenção de talentos deve ser a identificação das demandas da cultura organizacional, cautela válida para as organizações tanto públicas quanto privadas, segundo alguns autores.

Os estudos de Barbosa (1996), por sua vez, apontam que a cultura condiciona mecanismos de gestão.

Fleury (2007) alerta que a compreensão da cultura organizacional é indispensável ao sucesso de políticas e estratégias, entre outros instrumentos de gestão. Seu diagnóstico, em nível de profundidade, permite a identificação dos valores e pressupostos, expressos em elementos simbólicos, que ordenam, atribuem significações e constroem a identidade organizacional.

A autora argumenta ainda que se os instrumentos de gestão sofrem a influência da cultura organizacional vigente, eles tanto podem agir como elemento de comunicação e consenso como podem ocultar e instrumentalizar relações de dominação.

O fato é que a influência mútua entre valores individuais e organizacionais é um aspecto crítico que, necessariamente, deve ser considerado no delineamento de instrumentos e mecanismos de gestão. Quanto maior a aderência às crenças e aos valores predominantes no contexto corporativo, maior a possibilidade da obtenção de ganhos de eficácia. Qualquer descuido nesse sentido pode acarretar prejuízos à organização, especialmente se o propósito for a retenção e valorização de talentos. Valores podem ou não possibilitar contribuições humanas desejadas para o negócio.

Freitas (2009), ao aprofundar o olhar sobre a relevância do papel da cultura na gestão, desvela que a cultura reflete a lógica central da organização e a mentalidade básica das pessoas. A cultura traz à tona como as pessoas pensam, reagem e tomam decisões. Afirma a autora:

A maneira como cada companhia é organizada e a forma como as pessoas operam dentro da estrutura são fortemente determinantes e expressão da cultura, sendo esta definida pelos seus administradores e em consonância com o mercado onde atuam [Freitas, 2009:60].

Convém destacar que, no século passado, Hofstede (1980) se aproximou, de alguma forma, da hipótese defendida por Freitas (2009), de que a cultura está para o coletivo humano assim como a personalidade está para um indivíduo. À época, Hofstede sugeriu que a cultura determina a identidade de um grupo humano, à semelhança da personalidade que distingue um indivíduo.

O estudo da cultura, além de propiciar a compreensão das organizações e das sociedades nas quais elas estão inseridas, também permite a identificação dos seus valores e, logo, possibilita a compreensão dos indivíduos que nela atuam. Como diz Freitas (2009:12):

> Entender a organização como cultura é reconhecer o papel ativo dos indivíduos na construção da realidade organizacional e no desenvolvimento de interpretações compartilhadas para as suas experiências.

Mas valores culturais não emergem por acaso e nem sequer são abandonados de modo repentino por imposição de condicionantes internos ou externos. A mudança é gradativa.

Robbins (2009) concorda com esse posicionamento, frisando que as práticas de gestão de pessoas devem reforçar a cultura organizacional desejada.

O processo de seleção, os critérios de avaliação do desempenho, o sistema de recompensas, as atividades de treinamento e desenvolvimento de carreira e os procedimentos de promoção buscam assegurar que os contratados ajustem-se à cultura, premiam aqueles que a adotam e penalizam (ou até expulsam) os que a desafiam [Robbins, 2009:229].

As filosofias de gestão de pessoas desvelam os valores que modelam as políticas e as estratégias de gestão de pessoas. Elas materializam a cultura por meio de práticas específicas. Por conseguinte, são incorporadas em um sistema que pode ou não ser capaz de atrair, motivar e reter indivíduos comprometidos com o funcionamento e a sobrevivência das organizações (Schuler e Jackson, 1995). Por exemplo, segundo Freitas (2009), se a organização for familiar, os valores dos fundadores, dos líderes e daqueles que sustentam a atuação da área de RH influenciam seu processo de criação, desenvolvimento e manutenção cultural.

Enfim, os quadros conceituais aqui comentados nos permitem supor que a discrepância entre valores organizacionais e individuais pode se constituir em fonte de conflitos que resultam na evasão de talentos. Os exemplos a seguir ilustram essa afirmação.

Se um indivíduo valorizar a meritocracia e, em contraposição, a organização tomar decisões frequentes apoiadas em vínculos pessoais, é comum a emergência de conflitos. Da mesma forma, o conflito também pode se instalar se o indivíduo valorizar a autonomia e a organização, ao contrário, pautar seu funcionamento em regras rígidas e excessivo respeito à hierarquia.

Conflitos também ocorrem em face da discrepância de valores individuais e organizacionais, resultante de diferenças geracionais. Por exemplo, organizações que valorizam a transparência e a ética, provavelmente, estão mais aptas à retenção de talentos pertencentes à geração Y, na medida em que os profissionais dessa geração tendem a praticar tais valores. Ao contrário, organizações que não valorizam a comunicação sem barreiras hierárquicas, a informalidade e um tratamento mais humanizado, entre outros valores, provavelmente terão mais dificuldades para a retenção de talentos pertencentes à geração Y.

O não atendimento de expectativas individuais por parte da organização pode se constituir em outra fonte de conflitos. Assim, por exemplo, profissionais considerados talentos que desejam segurança e estabilidade dificilmente terão suas expectativas atendidas pelas organizações que buscam vantagens competitivas. Cada vez mais, a lógica de gestão flexível, ao impor desempenhos competitivos, exige que o ingresso, a permanência e os avanços na carreira de um indivíduo nas organizações contemporâneas resultem das suas contribuições ao negócio. Em função disso, é provável que essa realidade corporativa provoque a evasão de talentos cujas expectativas sejam alinhadas à lógica de gestão mecanicista, pois, dificilmente suas expectativas serão atendidas num ambiente de gestão flexível.

Ulrich (2002), outra referência em gestão, confirma a relevância do alinhamento de valores individuais e organizacionais para a sustentação de vantagens competitivas. Segundo esse autor, no cenário atual, tecnologias, produtos e capital financeiro não diferenciam as organizações. Para ele, a cultura organizacional é a mais importante fonte de diferenciação empresarial, se houver o referido alinhamento de valores. Contudo, para tornar essa possibilidade viável e, por decorrência, favorecer a adesão e o comprometimento dos indivíduos com o negócio, as organizações devem explicitar seus valores. Uma das consequências dessa postura organizacional é a retenção de talentos.

Em síntese, a incompatibilidade entre valores individuais e organizacionais é um dos principais condicionantes da evasão de talentos. O indivíduo busca se afastar de uma organização que, em sua percepção, fere suas crenças e seus valores.

Autores, como Dutra (1996), afirmam que a incompatibilidade da cultura com a personalidade do talento contratado impede o indivíduo de se sentir "em casa".

Uma carta de pedido de demissão de uma jovem de 27 anos, endereçada a seu gestor em janeiro de 2014, ilustra a influência da cultura na retenção de talentos na organização:

> Você, mais do que ninguém, conhece o meu interesse e paixão pela área de conhecimento na qual me encontro inserida e, também, como me senti prestigiada ao ser convidada para trabalhar nesta Empresa, junto com os melhores profissionais da área, no Brasil. A minha expectativa era crescimento, devido aos desafios profissionais que imaginava enfrentar. Por essa razão, aceitei receber um salário menor do que recebia na empresa anterior. Infelizmente, a expectativa não se concretizou. Não tenho autonomia para pensar e agir. A minha postura proativa é um comportamento desvalorizado pela cultura da Empresa, ainda muito centralizada. Às vezes, me sinto constrangida como se tivesse cometido "um crime". Em consequência, estou me sentindo triste, infeliz e injustiçada.
>
> Continuo considerando vocês referências profissionais neste nicho de negócio. Mas, esses e outros fatos reduziram o meu sentimento de pertencimento. Logo, não faz sentido eu me sentir triste, infeliz e injustiçada aos 27 anos, no início da minha vida profissional. Então, por motivo de incompatibilidade com a cultura da Empresa, apresento o meu pedido de demissão.

Branham (2002) mantém linha de raciocínio similar. Ele afirma que o desejo de um indivíduo permanecer em uma organização é maior quando ele concorda com os valores desta última.

Entretanto, é oportuno lembrar que a clareza quanto aos valores organizacionais é relevante tanto para os indivíduos quanto para a organização. Pela perspectiva do indivíduo, a identificação dos valores da organização em que ele pretende atuar evita conflitos posteriores decorrentes da discrepância entre esses e aqueles por ele cultivados. Pela ótica da organização, é fundamental ela ter clareza quanto aos valores a serem praticados para que ela seja o quer ser.

Nem todas as organizações, porém, estão conscientes quanto à importância de divulgar explicitamente os valores que entendem como necessários para concretizar sua visão. De modo geral, essa postura é usual em organizações cujas culturas privilegiam a gestão do capital psicológico. Elas compreendem a importância dessa decisão para a sustentação do sentimento de pertencimento dos indivíduos, sobretudo se considerados talentos. Organizações com tais características entendem que esse sentimento permite ao indivíduo experimentar a sensação de sucesso pessoal e, portanto, o desejo de permanecer na organização, motivado e comprometido.

Segundo Freitas (1991), o comprometimento do indivíduo se reduz quando ele não percebe a própria importância no atendimento das demandas dos *stakeholders*, quer externos, quer internos.

Fleury e Sampaio (2002) robustecem esse posicionamento afirmando que mecanismos de gestão eficazes demandam a compreensão da cultura organizacional a partir da análise das suas três camadas – a superficial, a intermediária e a central –, conforme ilustra a figura 3.

A compreensão do significado de cada uma delas, e da mútua relação que elas estabelecem entre si, portanto, é indispensável à formulação de quaisquer instrumentos de gestão. Fleury e Sampaio (2002) advogam ainda que políticas e práticas de gestão, representadas por uma crista que atravessa as várias camadas, devem alcançar os valores da organização para se constituírem nos elementos-chave de mudança.

A análise da influência da cultura na retenção e valorização de talentos também despertou o interesse de Daft (2003:293), o qual destaca que a cultura exerce duas funções importantes nas organizações: a promoção da integração interna e a adaptação externa.

Figura 3
DIAGNÓSTICO DAS CAMADAS DA CULTURA ORGANIZACIONAL

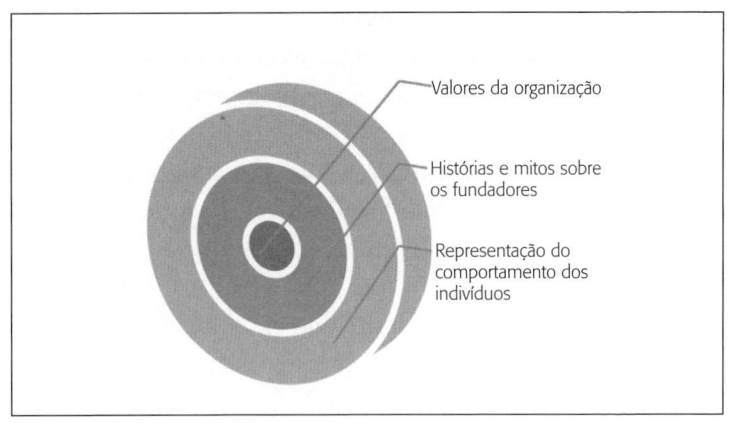

Fonte: adaptado de Fleury e Sampaio (2002:291).

Integração interna significa que os participantes da organização desenvolvem uma identidade coletiva, e sabem como trabalhar juntos com eficácia. É a cultura que norteia os relacionamentos cotidianos e que determina como as pessoas se comunicam dentro da organização, que comportamento é aceitável ou não e como o poder e o *status* são distribuídos. Adaptação externa refere-se à maneira pela qual uma organização alcança suas metas, e lida com entidades e pessoas de fora [Daft, 2003:293].

Por sua vez, Motta e Caldas (1997:15) enfatizam que as organizações aprendem os valores da sociedade na qual estão inseridas. Por essa razão, a busca do entendimento das organizações demanda o conhecimento "[...] das raízes, da formação e evolução, ou dos traços atuais da cultura". Por essa perspectiva, os autores ressaltam que a cultura permeia de tal forma os valores e comportamentos dos indivíduos que estes se refletem na atuação das organizações, independentemente dos modelos e técnicas que predominam em sua gestão. Cada organização é um ambiente único graças aos valores dos indivíduos que a compõem.

Ainda em concordância com outros autores, Motta e Caldas (1997) ressaltam que os elementos da cultura organizacional podem colaborar ou não para a consecução dos objetivos organizacionais. Pressupondo que o comportamento humano é produto de forças culturais, os autores entendem que, objetivando uma influência positiva, a cultura deve ser difundida e assimilada por todos os membros da organização.

Em última instância, a cultura afeta o modo de funcionamento da organização, influencia a tomada de decisão e, por conseguinte, a formulação de suas políticas, estratégias e práticas. Logo, decisões tomadas sem consciência das forças culturais operantes podem ter consequências imprevistas e indesejáveis (Schein, 2001).

Diante dessa afirmação, é oportuno refletir a respeito da situação das organizações brasileiras. Apesar de inúmeras delas evidenciarem culturas orientadas para resultados, ainda convivem com obstáculos típicos de culturas organizacionais assentadas na lógica mecanicista. Algumas, por exemplo, valorizam a centralização do poder decisório e de informações.

Segundo Lodi (1998), esse problema se acentua em empresas familiares. A sucessão da direção definida pelo fator hereditário torna o funcionamento da organização pautado pelos valores da família do proprietário.

Em organizações com tais características, o controle se encontra "nas mãos" do proprietário, que desde a fundação confere à gestão um caráter paternalista, baseado na informalidade, na simplicidade e nos relacionamentos personalizados (Tanure, 2005). As decisões relativas à valorização profissional são pautadas em valores vinculados à propriedade e ao poder. É usual o proprietário centralizar as decisões, sobretudo as vinculadas aos avanços na carreira. O exercício do poder é verticalizado e autoritário. A cultura é passível de ser traduzida pela expressão popular "manda quem pode, obedece quem tem juízo". São valores incompatíveis com a lógica meritocrática. Os vínculos pessoais que distinguem tais culturas são tão profundos que, mesmo em gestões que se profissionalizaram, como ocorreu com o Magazine Luiza (Queiroz, 2013), eles continuam respeitados.

As crenças e valores que tecem as culturas de empresas multinacionais são distintos. As decisões relativas à valorização e à retenção tendem a se assentar em critérios que visam ao atendimento das demandas das premissas da lógica de gestão flexível. A Coca-Cola, por exemplo, em 2010, para não perder seus principais executivos, lançou um pacote agressivo de benefícios e reestruturou o departamento Talent Aquisition, para garimpar talentos no mercado de trabalho utilizando redes sociais. Além disso, ela desenvolveu programas para atrair "mentes brilhantes" (Sendin, 2010). A Nívea, em 2005, ao encerrar o ano com um índice de evasão de 30%, criou um novo plano de carreira e revisou o processo de avaliação de desempenho em busca de subsídios para promover ações educacionais dirigidas a todos os empregados (Sendin, 2010).

Organizações públicas revelam mais limitações para reconhecer e recompensar profissionais dadas suas regras de caráter impessoal, típicas da burocracia. Elas privilegiam a impessoalidade, o respeito à hierarquia, às normas e aos padrões descritivos, em detrimento da informalidade e do desenvolvimento de práticas flexíveis para gerir o elemento humano (Saraiva, 2002).

Gradativamente, porém, algumas organizações públicas brasileiras vêm alterando suas tradicionais e rígidas estruturas de carreira, investindo em rotas alternativas para o crescimento profissional de seus funcionários. A Eletrobras é um exemplo, ao investir em plano de carreira, plano de desenvolvimento individual, sistema de gestão de desempenho e rodízio de funções (*job rotation*) (Manso, 2013). A Companhia Energética de Minas Gerais (Cemig) também se inclui na amostra de organizações interessadas na retenção de talentos. Ao verificar uma rotatividade entre 8% e 10% nos primeiros três anos da empresa, ela ofereceu um pacote de benefícios agressivo, incluindo participação nos lucros e resultados, plano de saúde, previdência privada e subsídio à educação em organizações públicas brasileiras (Manso, 2013). O Tribunal de Contas da União também adotou práticas com o intuito da retenção, como o banco de horas e creche no próprio prédio para os filhos de funcionários (Manso, 2013).

Em síntese, destacamos, nesta seção, que a retenção do talento resulta, sobretudo, da valorização profissional. Para tanto, abordamos fatores que podem propiciar a evasão de talentos e, por decorrência, prejudicar a organização, na medida em que representam a perda de conhecimentos necessários à concretização da visão organizacional, às vezes difíceis de serem substituídos em curto prazo. Enfim, essa situação acarreta a perda da competitividade diante dos concorrentes.

Complementando os cuidados fundamentais dirigidos à retenção de talentos e à valorização profissional, destacaremos, na próxima seção, o papel da área de RH na consecução desse propósito.

O papel da área de RH

Até então, destacamos a importância estratégica da retenção de talentos para as organizações de ontem, de hoje e de sempre. Perder capital intelectual nunca foi um fator positivo para a sobrevivência de uma organização, em qualquer tempo. Ainda, enfatizamos a influência da cultura na retenção e valorização desse capital.

Considerando as características imediatistas e velozes do terceiro milênio, as organizações bem-sucedidas, e com forte diferencial competitivo, passaram a não mais administrar pessoas, mas a gerenciar junto com elas. Quanto mais o mundo muda, mais o perfil dos clientes se altera. As empresas se reinventam continuamente ou se adaptam para atender a essas mudanças. Para tanto, elas precisam ter um capital humano que, além de entregar o que é pedido, se mantenha motivado e resiliente.

O foco desta seção será o papel da área de recursos humanos, essencial à sobrevivência, à consolidação e ao desenvolvimento organizacionais, objetivando a manutenção de um capital humano que propicie resultados efetivos para a organização a partir de uma atuação estratégica.

Desde o início da década de 1990, Freitas (1991) aponta que a responsabilidade da área de RH reside na formulação, na disseminação e no fortalecimento de políticas, estratégias e práticas, a partir da identificação das forças culturais que operam na organização. A aderência dos instrumentos e mecanismos de gestão aos valores e crenças predominantes assegura ganhos de efetividade.

Dutra (2002) complementa alertando que, para a área de RH ter um desempenho efetivo na retenção e valorização de talentos, é necessária a compreensão das demandas do atual cenário corporativo e das decorrentes mudanças organizacionais que a impactam.

Araújo (2006:370) expõe, de forma resumida, as referidas mudanças organizacionais que vêm afetando a área de RH:

> Estruturas e formas de organização do trabalho flexível e adaptável às contingências impostas pelo ambiente, gerando demanda por pessoas em processo de constante adaptação;

Processos decisórios ágeis e focados nas exigências de mercado, necessitando de pessoas comprometidas e envolvidas com a organização;

Velocidade para entrar e sair de mercados locais e globais, demandando pessoas atualizadas com as tendências de mercado; e Altíssimo grau de competitividade em padrão global, exigindo a articulação entre pessoas que tenham excepcional formação acadêmica e profissional, e em contínuo processo de aprimoramento e aperfeiçoamento.

A visão de que empresas vencedoras terão de evitar ambientes tensos para enfrentar essas mudanças é unânime. Quanto mais elas conseguirem despertar e reter talentos potenciais, mais sairão vitoriosas na turbulência. Os caminhos, contudo, são inúmeros.

Independentemente de sua denominação, a atuação da área de RH, ao emergir de uma nova cultura e de uma nova estrutura organizacional, deve privilegiar o capital intelectual. Segundo essa perspectiva, encarar a gestão de pessoas como parte da filosofia do próprio negócio tem se revelado um caminho eficaz. Significa dizer que RH deve ser percebida como uma área cuja atuação contribui para o negócio e, por conseguinte, se caracteriza pelo pensamento estratégico. Ainda, deve evidenciar capacidade técnica para garantir contribuições humanas que agreguem valor ao negócio. O talento humano passou a ser tão importante quanto o próprio negócio.

Os modelos tradicionais de gestão, com enfoque legalista e ênfase na normatização das relações sociais cederam lugar à gestão estratégica de pessoas para assegurar o atendimento das necessidades decorrentes das pressões competitivas e das expectativas das pessoas que nelas trabalham. Conforme alertam Teixeira, Bastos Neto e Oliveira (2005:42-43):

O mundo dos negócios está dando lugar a profundas modificações na natureza do trabalho e nas relações entre empresas e colaboradores, configurando uma nova situação que gera importantes implicações para a gestão de pessoas. Essa situação reflete um novo mundo do trabalho, caracterizado pela crescente convivência do emprego clássico com um novo tipo de emprego; pela gradual desconfiguração do cargo em sua forma tradicional; por uma base tecnológica mais sofisticada; pela migração do emprego; por novas formas de flexibilização do trabalho; pela exigência de um novo tipo de profissional; pela crescente convivência do poder formal com outros tipos de poder.

Cada vez mais, um número crescente de organizações se torna consciente de que o novo modelo de gestão visa, principalmente, atender às expectativas dos *stakeholders* e construir uma cultura centrada em competências e resultados, isto é, pautada na meritocracia.

Essa lógica, imposta pelas mudanças organizacionais modeladas para atender às demandas originárias das pressões competitivas, não aceita ajustes superficiais. Ela exige mudanças profundas na estrutura, nos sistemas, nas políticas e nas práticas, bem como na mentalidade dos indivíduos e das organizações.

Apesar disso, nem todas as áreas de RH consideram os prejuízos de decisões que não se fundamentam no mérito. Por se tratar de uma expectativa de inúmeros talentos, muitas vezes essa negligência acarreta a evasão desses profissionais, prejudicando o desempenho organizacional.

Por isso, consideramos oportuna a apresentação da matriz a seguir. Ela pode ampliar a compreensão quanto à distribuição de responsabilidades de uma área de RH que atua numa vertente estratégica em uma organização moderna e competitiva.

Quadro 3
RESPONSABILIDADES DA ÁREA DE RH, SOB A PERSPECTIVA ESTRATÉGICA

Estatégicas	Administrativas	Operacionais	Relacionais
Práticas de RH.	Desenvolvimento e gestão de processos de RH.	Recrutamento e seleção.	Comunicação interna.
Entendimento de negócio, atuação como parceiro de negócios.	Administração de folha e de benefícios.	Plano de carreira.	Gestão de ferramentas virtuais de *network* e comunicação.
Plano estratégico de recursos humanos.	Domínio da legislação trabalhista.	Compensação e benefícios.	Avaliação do clima organizacional e proposição de ações de melhoria.
Orientação de gestores para que cumpram o papel de gestão de seu pessoal.	Controle de litígios trabalhistas.	Programas de desenvolvimento.	Relações sindicais.
Gestão de banco de talentos.		Sistemas de avaliação de desempenho.	Relações com entidades de RH e setoriais.
Apoio como agente de mudanças.		Programas motivacionais.	Apoio à responsabilidade social corporativa.
		Saúde e segurança ambiental.	
		Apoio aos executivos em suas funções como gestores de gente.	

Fonte: Bichuetti (2011).

A análise da matriz traz à tona fatos que evidenciam o interesse de organizações na retenção e valorização de talentos:

- adoção de modelos de gestão sistêmicos que impulsionam avanços na gestão de pessoas;
- estímulo à gestão participativa para alavancar resultados desejados;
- estímulo à atuação da área de RH como *business partner*;
- formulação de políticas, estratégias e práticas para identificar, atrair e reter talentos;
- realização de *follow-up* dos custos decorrentes da perda de talentos;
- tomada de decisão objetivando reduzir a evasão.

Por outro lado, há organizações nas quais os fatos frequentes revelam a distância entre o que se diz e o que se faz.

O despreparo da liderança para reter e valorizar talentos é um fato usual, que evidencia esse distanciamento e, portanto, acentua a relevância do papel da área de RH na medida em que ela se torna responsável por sua preparação. Uma faceta desse despreparo se revela, por exemplo, quando o gestor impede a liberação de um subordinado para outra unidade de negócio, caso se entenda que ele pode se transformar em um talento, ou se manter como tal, nessa outra área, assumindo desafios com maior nível de complexidade.

Nesse sentido, o posicionamento de Michaels, Handfield-Jones e Axelrod (2002) é oportuno. Eles advogam que a formação de um *pool* de talentos não reside exclusivamente em investimentos centrados em ações de treinamento. Como se pode observar no exemplo apresentado, a questão não é de treinamento; antes, diz respeito à maturidade do gestor.

Fatos similares nos permitem supor que o atual cenário corporativo requer, principalmente, mudança de mentalidade para o enfrentamento das exigências relativas à retenção e valorização de talentos, quer por parte dos indivíduos, quer por parte da área de RH.

Porém mudança de mentalidade não se impõe. O indivíduo tem de perceber o significado da mudança. Daí a intervenção de RH ser fundamental para a consecução desse propósito.

Retomando o exemplo anterior, percebe-se que, apesar de a maturidade ser um processo de natureza intrapessoal, a área de RH pode desempenhar de modo efetivo seu papel como *business partner* sensibilizando, capacitando e orientando líderes de modo a evitar prejuízos à organização decorrentes da evasão de talentos.

Contudo, a atuação de RH como *business partner* requer a parceria da liderança, que, para tanto, deve se conscientizar de que a liberação de profissionais para enfrentar novos desafios também engrandece sua atuação como líder de pessoas.

O paradigma de gestão vigente determina que a atuação da área de RH se fundamente nas premissas do modelo de consultoria interna de recursos humanos denominado *business partner.*

Como se trata de um conceito polêmico, e com escassa fundamentação teórica, é oportuno, antes de prosseguirmos, aprofundar as ideias centrais que dinamizam esse modelo. Nosso intuito é evitar distorções na compreensão do modelo e do papel de RH.

Em linhas gerais, para RH assumir o papel de parceira estratégica dos gestores, sua equipe precisa estar consciente de que isso apenas ocorrerá quando a área for percebida pelos demais como um ativo estratégico da estrutura organizacional, condição que favorece a alta performance, foco de organizações competitivas que buscam um diferencial. Entretanto, esse diferencial exige, antes de tudo, investimento nas pessoas e gerenciamento efetivo de talentos.

Por essa razão, a atuação de RH como parceira de negócios deve ir além da elaboração da folha de pagamentos, controle de pontos e benefícios. Seu papel, como área consultora, deve residir na participação em todos os processos de RH objetivando contribuir para a sustentação da excelência organizacional.

O Departamento de Pessoal (DP), que por um longo tempo foi considerado sinônimo de RH, gradativamente cede espaço a uma área de gestão, focada em planejamento, conhecimento e desenvolvimento, uma área que busca diferenciais para a organização crescer de forma sustentável.

A consultoria interna de recursos humanos (*HR business partner*) é um modelo estratégico que aproxima RH das áreas de negócio para garantir excelência na gestão de pessoas.

Para implementá-lo, a área de RH deve se estruturar em áreas de *expertise*, responsáveis pela definição de processos, políticas, estratégias e práticas de gestão de pessoas. O intuito é garantir princípios e regras de gestão de pessoas a serem utilizados por todas as áreas.

Na prática, a área de RH é constituída por profissionais alocados nas unidades de negócio da organização. Eles são responsáveis pela identificação dos impactos das demandas decorrentes das estratégias corporativas nos objetivos das respectivas unidades, visando à customização de processos e ferramentas de gestão de pessoas. Ainda, eles devem manter a área de RH informada a respeito dessas demandas, cuja viabilização deve ser efetuada em parceria com as áreas de *expertise*, objetivando provocar inovações e melhorias na atuação e nas estratégias de RH.

No processo de consultoria interna de RH, os gerentes de linha atuam como elemento de ligação entre os colaboradores e a organização. A base da consultoria interna de RH é, portanto, tornar os consultores integrados ao *business* da empresa, e tornar os gerentes de linha gestores de recursos humanos, de modo que cada um se desenvolva no seu papel e agregue valor à organização.

Em síntese, hoje, a atuação da área de RH, alinhada às exigências da lógica de gestão flexível, deve se pautar nas premissas apresentadas na figura 4.

Figura 4
PREMISSAS BÁSICAS DA ATUAÇÃO DA ÁREA DE RH
COMO BUSINESS PARTNER

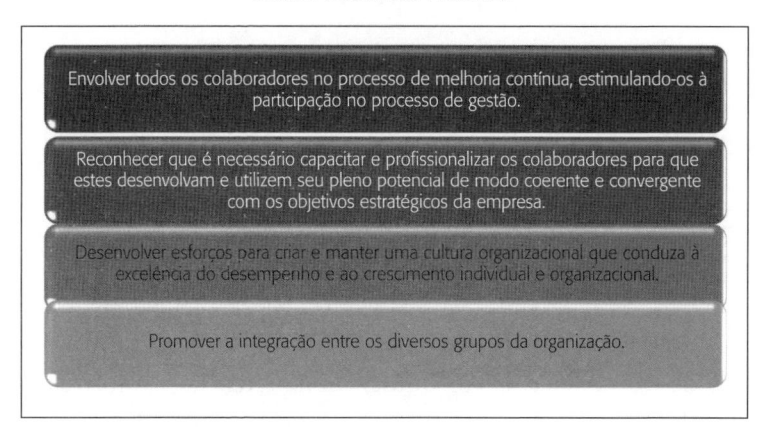

Envolver todos os colaboradores no processo de melhoria contínua, estimulando-os à participação no processo de gestão.

Reconhecer que é necessário capacitar e profissionalizar os colaboradores para que estes desenvolvam e utilizem seu pleno potencial de modo coerente e convergente com os objetivos estratégicos da empresa.

Desenvolver esforços para criar e manter uma cultura organizacional que conduza à excelência do desempenho e ao crescimento individual e organizacional.

Promover a integração entre os diversos grupos da organização.

Como se pode observar, os desafios que a área de RH enfrenta ao desempenhar o papel de *business partner*, se devidamente superados, estimulam avanços que favorecem mudanças na mentalidade dos indivíduos, gestores ou não, e na própria área de recursos humanos.

Há áreas de RH que estimulam avanços quando, por exemplo, reconhecem que o atendimento de expectativas dos talentos, por meio de ações distintas, propicia entregas em níveis crescentes de excelência porque aumenta a motivação desses profissionais.

Ao contrário, há outras que provocam disfunções decorrentes da crescente exigência da retenção e valorização de talentos quando, por exemplo, desconsideram a importância de decisões nessa direção. As percepções de colaboradores de organizações públicas e privadas, manifestadas a seguir por profissionais que nelas atuam, corroboram essa afirmação.

Ela não adota práticas de valorização e retenção... Apenas faz vista grossa com horário.

Me sinto completamente desmotivada... ela visa apenas o lucro, não se importando com o funcionário... as decisões são tomadas por interesses próprios e não coletivos.

A empresa não possui quaisquer programas, ou até mesmo a cultura de retenção, uma lástima, pois perde suas melhores laranjas para a concorrência.

Na empresa em que trabalho, apenas é feito o imposto pelo sindicato

Não há práticas de retenção... tá difícil trabalhar...

Tais comentários trouxeram à tona reflexões quanto à atuação de RH em face da sua influência na retenção e valorização de talentos.

Talentos valorizam ambientes de trabalho salutares, caracterizados, por exemplo, pela comunicação aberta e autêntica e pelas oportunidades de desenvolvimento contínuo. Nem todas as áreas de RH, no entanto, estão atentas à relevância de seu papel na construção de uma imagem positiva da organização junto ao mercado e aos colaboradores.

A importância da remuneração na valorização e retenção é inconteste. Porém, nem todos profissionais considerados talentos se deixam seduzir por ofertas efetuadas pelas áreas de RH que apenas impliquem salários elevados. Há jovens pertencentes à geração Y, por exemplo, cujas expectativas vão além de altos salários, acrescidos de parcelas variáveis decorrentes de contribuições ao negócio. Muitos talentos são atraídos por organizações que, além de remunerações atrativas, oferecem desafios crescentes, autonomia e diálogo.

A retenção e a valorização de talentos não são desafios simples. Sua complexidade decorre do fato de a herança da lógica mecanicista perdurar, até os dia de hoje, em muitas organizações, pois não é fácil o abandono imediato de uma lógica que, por séculos, predomina no campo das organizações. Em suma, a transição do velho para o novo paradigma de gestão tem sido uma tarefa árdua. A insistência do tradicional modo de gerir, ainda hoje presente, dificulta a compreensão de que a retenção de talentos não resulta apenas de decisões racionais.

O engajamento dos indivíduos com o negócio é o que garante a sustentação de contribuições efetivas. A humanização no ambiente de trabalho tem se revelado um caminho eficaz nesse sentido. Ela estimula o sentimento de pertencimento. Desenvolve os potenciais das pessoas ao construir ambientes que valorizam o sentido ético do respeito ao indivíduo, instigam a autoconfiança, a confiança mútua e o sentido de realização. Em decorrência, a organização aumenta sua capacidade de atrair e reter profissionais motivados, produtivos e parceiros.

Contudo, a pavimentação desse caminho demanda uma área de RH que desempenha seu papel consciente de que ambientes humanizados não se constroem por si sós.

Ambientes saudáveis estimulam nos talentos o desejo da permanência nas organizações em que atuam, mas fatos organizacionais cotidianos sinalizam que em algumas corporações ainda há um longo caminho a ser percorrido para a concretização dessas condições de trabalho.

Há organizações cujas áreas de RH não percebem o significado da mudança de denominação "recursos humanos" para "gestão de pessoas", observada na literatura recente e no discurso acadêmico e empresarial. Não se trata apenas de uma simples alteração de nomenclatura. É, antes, uma nítida transformação na relação empregado/empregador.

O paradigma atual de gestão requer uma administração conjunta, em que empregados devem ser percebidos como parceiros e não como recursos empresariais.

Em pleno século XXI, há organizações que não consideram pessoas como ativos, mas como custo, o que ratifica a importância de a área de RH também investir na mudança de mentalidade.

Algumas já evidenciam investimentos nessa nova visão da área de RH, o que robustece sua atuação como *Business partners*. Conforme veremos a seguir, elas demonstram avanços no tocante à retenção e valorização de talentos.

A lógica de gestão flexível entende a organização como uma cadeia produtiva em que cada área atua simultaneamente como cliente e fornecedor. Algumas mantêm a proximidade da área de RH com as demais, com o propósito de diagnosticar demandas, problemas e oportunidades. Essa é uma postura fundamental para a proposição de estratégias, metodologias e ferramentas capazes de subsidiar decisões gerenciais.

A participação ativa da área de RH na elaboração do plano estratégico é outra evidência de avanço no tocante à gestão de pessoas que fortalece seu papel como *business partner*. Assim, algumas investem no fortalecimento da imagem de que são capazes de conceber e implantar sistemas estratégicos de gestão de pessoas integrados e capazes de gerar ganhos de efetividade, com base nos subsídios extraídos do plano estratégico.

Especificamente, trata-se de um investimento necessário. Por um lado, esse instrumento de gestão consolida as orientações estratégicas nas quais se pauta a atuação da organização. Por outro, as contribuições de RH extraídas desse plano favorecem que a liderança faça acontecer o previsto.

Enfim, a discriminação de condições propícias à retenção de talentos, cuja viabilização se encontra sob a responsabilidade da área de RH, é longa e, provavelmente, impossível de realizar, se considerada a criatividade das pessoas.

Contudo, consideramos conveniente divulgar a pesquisa conduzida por Michaels, Handfield-Jones e Axelrod (2002) junto a gerentes de 27 empresas, em parceria com a consultoria internacional McKinsey. A pesquisa, conforme apresentada na figura 5, identificou quatro aspectos obrigatórios a serem observados por organizações interessadas na retenção de seus talentos.

Figura 5

ASPECTOS CRÍTICOS NA RETENÇÃO DE TALENTOS

| Adoção de uma mentalidade voltada para o talento. | Reformulação das estratégias de atração. | Tornar o desenvolvimento parte integrante da organização. | Ações que diferenciem e promovam a afirmação das pessoas. |

Fonte: adaptada de Michaels, Handfield-Jones e Axelrod (2002:36).

A área de recursos humanos, em cenários de crescente demanda por retenção e valorização de talentos, enfrenta o desafio da consolidação da imediata transição do operacional para o estratégico, imposição que visa ao atendimento das necessidades críticas da organização, como a implementação estratégica, a gestão de mudanças, a adequação da cultura organizacional, a criação de competências organizacionais e a gestão de talentos.

A crescente valorização do capital humano tornou a área de RH responsável pela tomada de decisão que cria valor para o negócio. Entre outras decisões, RH deve promover educação continuada e programas de incentivo, ambos necessários à retenção do acervo intelectual. E algum de nós duvida de que a saída de um empregado pode resultar em perda de conhecimento se a organização não estiver preparada para a gestão dos ativos intangíveis? Teixeira, Bastos Neto e Oliveira (2005:75) auxiliam na conclusão das ideias discutidas neste capítulo ao afirmarem que

> independentemente do tipo de organização, negócio, tamanho, espaço, em que atua e outras características, um sistema de gestão de pessoas terá sempre a função de captar, desenvolver

RETENÇÃO DE TALENTOS E VALORIZAÇÃO PROFISSIONAL

e reter o elemento humano necessário para o cumprimento da missão da empresa. Hoje, a gestão de pessoas está orientada para duas direções que precisam ser compatibilizadas: sua adequação eficaz ao negócio da organização, e sua capacidade de proporcionar às pessoas oportunidades de condição de trabalho condignas com as novas conquistas de cidadania plena.

A área de RH, portanto, deve ser a consciência crítica na organização, o que implica, por exemplo, coragem e iniciativa para colocar o tema *pessoas* na agenda dos executivos. E se, em decorrência, a alta direção adotar atitude proativa quanto à gestão de pessoas, será possível afirmar que essa área foi elevada ao mesmo nível de profissionalismo, competência, integridade, hierarquia e remuneração das demais áreas. E caberá aos executivos o papel dos verdadeiros gestores de gente.

O papel do RH não é estar à frente das pessoas, e sim preparar a liderança para estar à frente das equipes e ter a sensibilidade de entender as necessidades dessas pessoas. A retenção de talentos decorre da concepção e implantação de políticas inseridas nas estratégias organizacionais e alinhadas às práticas de RH aplicadas na empresa.

Resumindo, este capítulo ressaltou que as demandas da gestão flexível esperam que a área de RH, no desempenho do seu papel de *business partner*, crie condições efetivas à fidelização, ou seja, à retenção de profissionais considerados talentos.

Mas será que as organizações caminham nessa direção?

O próximo capítulo abordará aspectos críticos vinculados a esse questionamento, com o propósito de estimular reflexões que impulsionem avanços direcionados à adoção de práticas de gestão de pessoas que atendam às expectativas das organizações e dos indivíduos, simultaneamente.

3

Políticas e estratégias de valorização e retenção de talentos

Este capítulo traz à tona alguns processos críticos que interferem, sobremaneira, nas questões relativas às estratégias de valorização e retenção de talentos. Nossa ideia é apresentar como são praticados alguns conceitos vinculados a esses desafios. O intuito é estimular o comprometimento de quem a organização considera talento.

Capacitação e desenvolvimento

Nas organizações contemporâneas, a capacitação e o desenvolvimento são as variáveis que mais interferem na retenção de profissionais nas organizações em que atuam.

Especificamente, o vocábulo *capacitação* foi enriquecido, distinguindo-se do termo treinamento, em sua concepção original, que remetia à ideia de pessoas em uma sala de aula e de transmissão de ensinamentos necessários à execução de tarefas.

Por sua vez, o conceito *desenvolvimento* explicita a ideia da ampliação das formas de compreensão do processo ensino/aprendizagem. A palavra *desenvolvimento*, embora possa dar a ideia de crescimento, também deriva da composição do prefixo "des" e do substantivo "envolvimento", o que significa dizer que apesar de o prefixo "des", de modo geral, implicar negação, nesse caso retrata a necessidade de o indivíduo se manter envolvido com algo que posteriormente poderá propiciar crescimento.

Para Gasalla (1996:134), "aprender a aprender e aprender a ensinar" prefiguram-se como necessidades no desenvolvimento das pessoas e das organizações. Mas como podemos integrar esses conceitos às ações de retenção de talentos?

A manutenção da empregabilidade no mercado de trabalho exige aquisição e comprovação contínuas de conhecimentos relativos à área de escolha profissional. Contudo, nem sempre os conhecimentos necessários à utilização prática nas organizações são transmitidos pelas instituições de ensino.

Essa realidade impõe um problema às organizações, especialmente no que se refere aos recém-formados: a falta de experiência, aliada à ausência de conhecimentos específicos sobre processos e procedimentos existentes no cotidiano organizacional.

Desse modo, a criação de metodologias de ensino que se propõem a desenvolver ferramentas para aproximar o ambiente acadêmico das universidades e as demandas práticas das organizações passou a ser uma necessidade. Em função disso, surgem modelos pedagógicos objetivando suprir essa demanda, como os ilustrados a seguir:

❑ *action learning* – aprendizado baseado na ação;
❑ *work based learning* – de origem inglesa, atualmente é um dos mais utilizados para identificar as necessidades reais do mundo do trabalho e preparar o aluno/colaborador para se desenvolver no contexto contemporâneo;
❑ *coaching, mentoring,* desenvolvimento de equipes e programas de sucessão ilustram outras modalidades de desenvolvimen-

to, valorizadas e implantadas nas organizações interessadas na preparação técnica de indivíduos para a realização de suas atribuições.

Especificamente, qual o foco dessas ações? Quais resultados são previstos?

Antes de tudo, é oportuno reforçarmos que investimentos organizacionais financeiros nessa direção apenas poderão ser assim considerados se houver evidências de retorno. Caso contrário, a relação custo/benefício será ineficaz.

Por conta disso, a avaliação dos resultados das ações de treinamento, capacitação ou desenvolvimento deve se pautar em critérios objetivos. A utilização exclusiva de avaliações de reação, ao final de eventos, apenas sinaliza aspectos pontuais a serem melhorados ou que estão em conformidade com o previsto.

Há formas concretas, como o *return on investment* (ROI), que identifica a relação entre o lucro gerado e o custo do evento. Para tanto, esse índice mensura os resultados com base em escalas, que avaliam os indicadores das competências referentes aos perfis profissionais das funções.

Em síntese, o passo inicial para assegurar investimentos eficazes reside na identificação dos aspectos a serem desenvolvidos e que são passíveis de tornar as organizações mais competitivas ou com uma imagem melhor do que a atual perante a sociedade. Os subsídios para essa decisão estão contidos nos direcionadores estratégicos da organização.

O passo seguinte é a análise de quanto, e em que grau, o quadro funcional precisa adquirir ou desenvolver determinados aspectos. Porém é necessário lembrar que a aplicação prática e o valor da entrega efetuada dependem da motivação do empregado.

O último passo, portanto, é a configuração das ações que poderão contribuir de modo efetivo para a melhoria dos resultados, comparativamente ao investimento realizado.

Aparentemente, investir nessa direção objetivando a redução ou a eliminação de *gaps* de competência é uma estratégia simples. Contudo, algumas organizações ainda decidem quais investimentos em capacitação e desenvolvimento são necessários com base na percepção do gestor, ou da área de gestão de pessoas. A tomada de decisão que não se fundamenta em critérios robustos acarreta à organização prejuízos decorrentes da ausência da avaliação dos investimentos efetuados, quer financeiros, quer humanos (treinandos, instrutores, instituições contratadas para tal, entre outros) e, ainda, sob a perspectiva do tempo despendido. Essa situação impede avaliar se o investimento valeu a pena.

Mas, qual a relação entre essas questões e a retenção de talentos? A valorização profissional também é um fator que condiciona a retenção de talentos, sobretudo se pertencentes à geração Y, eleva a autoestima e amplia a consciência quanto às atitudes que favoreçem resultados desejados.

Além disso, ações desencadeadas nessa direção fomentam a atualização de conhecimentos, hoje favorecida pela disponibilidade de informações decorrente da evolução da tecnologia nas diversas áreas de atuação.

Isso implica dizer que tanto a organização quanto o indivíduo podem originar ações de desenvolvimento. Por um lado, a organização pode utilizar, por exemplo, informações geradas pela etapa avaliação do processo de gestão de desempenho para tomar decisões de desenvolvimento em relação a seus subordinados. Por outro, o indivíduo consciente de seus *gaps* e, também, do que precisa fazer para evoluir, poderá, ele próprio, sugerir ações de autodesenvolvimento, as quais poderão, posteriormente, influenciar positivamente a evolução de sua carreira.

Trabalhar em uma organização que investe no desenvolvimento de seus profissionais é uma das expectativas frequentes, independentemente da geração a que os indivíduos pertençam.

Nesse aspecto, as queixas usuais dos empregados não apontam para as ações continuadas desencadeadas pela organização. Eles reconhecem a atuação da área de RH nesse aspecto.

Em sua maioria, as reclamações residem na escassez de oportunidades para enfrentar, na prática, desafios que propiciam o desenvolvimento de competências específicas. E, também, na ausência de autorização para participar de trabalhos realizados por consultores externos, de modo a favorecer a transferência de *know-how*.

Aliás, a decisão de criar parcerias com fornecedores e a contratação de consultores provenientes do mercado nos sugerem várias questões.

- ❏ Será que essa decisão deriva da escassez de profissionais que atuam na organização com capacidade para intervir de modo adequado em processos que demandam melhorias?
- ❏ Existência de quadro de pessoal reduzido?
- ❏ Necessidade pontual de ação de capacitação específica?
- ❏ Receio, por parte das organizações, de preparar seus empregados e, em decorrência, estimulá-los a buscar outras opções profissionais, trazendo a sensação de que se perdeu todo o valor investido naquela formação?

Em relação a este último questionamento, é relevante lembrar que o indivíduo preparado propicia à organização ganhos de eficiência, eficácia e efetividade ao realizar suas atividades. Além disso, o acréscimo de conhecimentos e habilidades amplia a visibilidade do profissional no mercado, elevando sua empregabilidade.

Enfim, de modo geral, profissionais motivados permanecem na organização. Mas o que a organização, particularmente a área de RH, faz para evitar a evasão de talentos?

Sentimo-nos à vontade para afirmar que quanto mais os profissionais que atuam no mundo do trabalho contemporâneo aprendem, mais eles têm vontade de aprender. E, ainda, quanto mais as organizações disponibilizarem conhecimento e experiência, quer conceitual, quer de maneira prática, mais eles sentirão vontade de pertencer àquela comunidade.

Corroborando esse posicionamento, Lawler III (1996) afirma que a intensificação do conhecimento, isto é, o estímulo à atualização contínua do conhecimento por parte da organização, eleva o sentimento de pertencimento do indivíduo.

Logo, ações de capacitação e desenvolvimento, cada vez mais, assumem um lugar de destaque nas organizações contemporâneas. Para tanto, elas precisam ser planejadas para assegurar as vantagens mencionadas.

Apresentamos, na figura 6, a dinâmica do sistema ensino-aprendizagem, descrevendo as etapas da condução das ações de capacitação e desenvolvimento, investimentos destinados à obtenção de resultados organizacionais efetivos. Em síntese, elas contribuem para a retenção de talentos na medida em que atendem às expectativas da organização e dos indivíduos.

Figura 6
SISTEMA ENSINO-APRENDIZAGEM

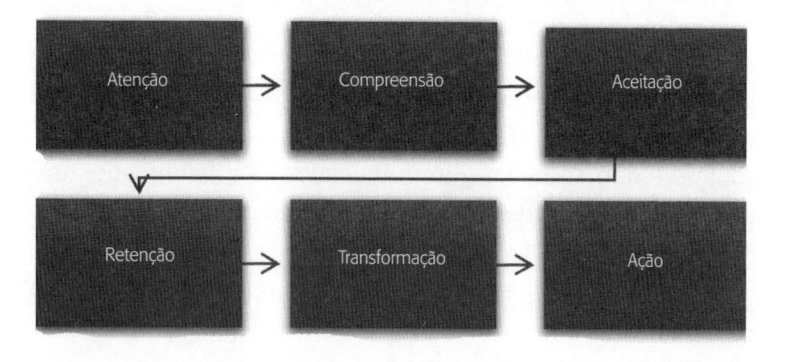

Esse sistema demonstra a necessidade de, como primeiro passo, atrair a atenção do público-alvo exposto à ação de capacitação ou desenvolvimento, se o interesse for uma ação final condizente com os propósitos definidos *a priori*.

A busca por uma linguagem e experiências interessantes e em linha com a realidade do interlocutor consolida o segundo passo, pois a compreensão de algo apenas é possível quando esse algo mantém nossa atenção e nos instiga a entender melhor a intenção da ação.

Para ser efetiva, uma ação de capacitação e desenvolvimento tem de manter a atenção de seu público-alvo, bem como precisa ter clareza suficiente para que ele compreenda sua intenção, mas, acima de tudo, é necessário que ele a aceite.

Em suma, essas são algumas condições necessárias à retenção do aprendizado e à transformação de conceitos e hábitos em novas oportunidades, que serão utilizadas para enriquecer ou melhorar conhecimentos, posturas e, por conseguinte, resultados esperados.

Resumindo, talentos tanto podem ser oriundos do mercado quanto desenvolvidos internamente a partir de ações de capacitação e desenvolvimento desencadeadas pela organização objetivando a formação de seus colaboradores.

No primeiro caso, mesmo percebidos como talentos, os profissionais podem evoluir e transformar as organizações em modelos de gestão e atuação, e, se devidamente reconhecidos e valorizados, é provável que eles se mantenham motivados para continuar aprendendo, transferindo suas potencialidades para a realidade, atendendo às suas aspirações e contribuindo para a consecução dos objetivos organizacionais.

Prosseguiremos o capítulo abordando o tema recompensas, em face de sua influência na retenção e valorização de talentos.

Recompensas financeiras e não financeiras

Há divergências de crenças a respeito da influência de recompensas na retenção de talentos. Assim, entendemos ser oportuna aqui uma reflexão crítica a esse respeito.

Algumas organizações, predominantemente orientadas por uma lógica taylorista-fordista, insistem em acreditar que uma política de remuneração lastreada em valores acima dos praticados pelo mercado assegura a permanência, na organização, de profissionais considerados talentos.

Observamos, porém, que essa estratégia, quando não atrelada a outras práticas de gerenciamento do capital humano, por exemplo, a gestão do clima, além de não conseguir a desejada retenção, pode gerar custos mais elevados para a organização.

Em nossa percepção, o ponto central para a adequada utilização de recompensas como estratégia para assegurar a consecução desse propósito reside na ampliação da visão empresarial. Em última instância, o sucesso do desenvolvimento e da implantação de sistemas dessa natureza requer a incorporação das expectativas e aspirações dos indivíduos que atuam nas organizações.

Ainda no que diz respeito à utilização de salários como estratégia de retenção, alguns autores efetuam a distinção entre deter e reter talentos. Matuson (2013), por exemplo, identifica o "leilão" de salários com talentos que solicitam sua demissão em função da oferta de outras propostas como um fator de detenção. Dito de outra forma, a organização detém um determinado profissional porque lhe ofereceu algo que atende às suas necessidades básicas. Mas, o que irá reter o talento na organização não decorre exclusivamente do aspecto financeiro.

Como podemos observar, o posicionamento de Matuson (2013) ilustra a importância da conjugação de recompensas financeiras e não financeiras na retenção de talentos.

O delineamento de um sistema de recompensas deve, portanto, estar alinhado aos direcionadores estratégicos da organização e fomentar o engajamento dos empregados. Tal engajamento vincula-se diretamente à capacidade da liderança em mobilizar a equipe nessa direção. A gestão efetiva do talento, particularmente no âmbito das recompensas, reside na conciliação entre os interesses organizacionais e os individuais.

Porém os desafios do atendimento dos interesses individuais estimulam algumas organizações a se preocupar, quase exclusivamente, com a aplicação de técnicas e instrumentos para mensurar a importância do trabalho para a consecução dos objetivos organizacionais. Elas negligenciam a preocupação com os aspectos motivacionais que afetam seus empregados, fundamentais para a retenção de quem se distingue por contribuições em nível de excelência.

É nesse sentido que o conceito *recompensa* precisa ser expandido, o que significa não associá-lo exclusivamente à recompensa extrínseca.

Como assinalam Katz e Khan (1976:383), baseados nos resultados da pesquisa que conduziram na área de psicologia social, ainda, atuais, "a efetividade organizacional está condicionada à subcategoria de comportamentos que vão além dos requisitos formais do papel, ou seja, ações que ultrapassam a linha do dever".

O subsistema social das organizações, ao sustentar inter-relações cooperativas, cria condições favoráveis à consecução de seus propósitos. Sistemas de recompensas capazes de reter talentos não priorizam apenas recompensas financeiras. Antes, eles também consideram as recompensas intrínsecas, na medida em que são capazes de manter a motivação do indivíduo trabalhando em uma organização que atende às suas necessidades.

Assim, cabe apresentarmos a distinção entre as referidas recompensas.

Recompensas financeiras

A origem do conceito *recompensa* financeira se fundamenta na lógica de gestão centrada no prescrito: o pagamento do valor do trabalho executado pelo indivíduo decorre das atividades por ele desenvolvidas. Essa lógica, gradativamente, se expande para atender às demandas das premissas da gestão flexível, que impõe o envolvimento do empregado com os objetivos da organização.

Na visão contemporânea, o pagamento do trabalho realizado vai além do prescrito. A recompensa se desloca da vinculação com o cargo para depender do valor das contribuições dos indivíduos e das equipes para o alcance dos resultados organizacionais desejados.

Corroborando essa linha de pensamento, Lawler III (1996) afirma que, no atual contexto corporativo, a vinculação entre desempenho e recompensa financeira é uma das principais estratégias para estimular o comprometimento do empregado com o negócio.

Em função disso, é conveniente salientar que entendemos recompensa financeira como a remuneração total percebida pelos empregados, a qual é composta por três parcelas, a saber: remuneração funcional, remuneração baseada em competências e resultados, e benefícios.

A remuneração funcional, também denominada remuneração tradicional, baseada no cargo, corresponde ao salário-base e, até os dias de hoje, se constitui no principal elemento da remuneração total dos empregados. Ela explicita uma concepção exclusivamente econômica das relações de troca entre empregador e empregado. Boisvert (1980:149) argumenta que: "[...] a remuneração representa essencialmente o preço que uma organização paga para obter a utilização de um fator de produção". Por sua vez, a Equipe Coopers & Lybrand (1996:49) acentua que "essa remuneração representa a maior parcela do *mix* total da remuneração".

O fato é que as mudanças organizacionais que ocorreram nos meados dos anos 1990 impuseram uma nova modelagem de recompensa financeira. Desde então, a remuneração baseada em competências e resultados, ou seja, no desempenho, se tornou um dos componentes essenciais nos pacotes de remuneração adotados na atualidade pelas organizações.

Essa forma de remuneração busca atender às demandas das organizações orientadas pela lógica da produção flexível. Segundo Souza e colaboradores (2005), a tendência de crescimento da remuneração baseada em competências e resultados é uma estratégia organizacional que busca transformar custos fixos em variáveis.

Acreditamos ser oportuna uma reflexão estimulada pela Equipe Coopers & Lybrand (1996:91) quando destaca que:

> Enquanto alguns autores chamam a remuneração variável de pagamento de risco, outros a denominam de pagamento por oportunidade. A diferença de enfoque é importante. O cerne da questão é a dosagem do risco ou da oportunidade; ou seja, o percentual da remuneração total que deve estar vinculado ao desempenho. Se esse valor for excessivamente baixo, não representará fator de estímulo do desempenho. Por outro lado, se for excessivamente alto, acarretará um grau de incerteza desconfortável para os funcionários e poderá gerar efeitos contrários ao desejado.

O argumento dos autores sinaliza que inexiste uma resposta precisa à questão. Antes, eles alertam que há organizações mais propensas do que outras à adoção desse modo de recompensar financeiramente seus empregados.

Portanto, é provável que, por essa razão, a remuneração variável, em algumas organizações, não seja bem-sucedida. Ela corresponde a uma parcela tão reduzida do *mix* da remuneração total que alguns profissionais a consideram aquém de suas expectativas. Ao contrário, em outras, a parcela variável é tão elevada que contribui para o aumento do estresse do profissional ao buscar continuamente a superação de metas cada vez mais ousadas. Ambas as situações podem favorecer a evasão de talentos.

Em suma, a efetividade do *mix* da remuneração total reside no equilíbrio da composição entre as três parcelas assinaladas: remuneração tradicional (fixa), remuneração baseada em competências e resultados (variável) e benefícios.

Particularmente quanto aos benefícios, também denominados salários indiretos, eles não estão associados a fatores críticos de desempenho. Sua concessão independe das contribuições dos empregados para o negócio. Em muitas organizações, os pacotes de benefícios oferecidos se diferenciam em função da posição ocupada pelos empregados.

Ainda, algumas organizações utilizam programas de benefícios como estratégias de atração e retenção de talentos. Assim, quando o salário indireto representa uma parcela expressiva da remuneração total, e os benefícios ofertados atendem às necessidades dos empregados, a probabilidade da retenção se eleva. Apesar de as pessoas não receberem o valor em espécie, elas deixam de efetuar despesas a ele vinculadas, como aquelas efetuadas com seguro-saúde, auxílio odontológico, convênios com restaurantes, pagamento de creche e *check up* anual.

Resumindo: tradicionalmente, a remuneração se apoiou em sistemas de aplicação geral, pautados nas premissas do modelo taylorista-fordista da produção e do trabalho. A definição do nível salarial decorria da importância do cargo para o negócio e não das contribuições efetivas de seu ocupante. Nas organizações contemporâneas competitivas, o foco da remuneração se desloca para o valor agregado, ou seja, para as entregas (produtos e serviços) decorrentes do trabalho do empregado. Assim, conforme comentamos, a organização transforma custos fixos em variáveis.

Entretanto, a organização que remunera um talento com um salário-base significativamente acima do praticado no mercado pode provocar prejuízos para ela mesma, como a redução de seu lucro e a elevação dos custos para o consumidor, o que diminui a competitividade, considerando que o salário-base não pode ser reduzido, mesmo que o empregado posteriormente não efetue entregas em níveis de excelência.

Em compensação, se a estratégia for manter o salário-base do talento em níveis praticados pelo mercado e recompensar o desempenho excelente por meio da remuneração variável (comissões, bonificações, prêmios diversos e participação nos lucros e/ou resultados), além de reter o empregado talentoso, ela não onera seus custos fixos. Simultaneamente, ela explicita, por meio dessa recompensa financeira, a importância que atribui ao empregado.

Além do que abordamos, há outra questão importante que merece destaque no tocante aos sistemas de remuneração. Trata-se da transparência na divulgação dos critérios que darão sustentação à distribuição das recompensas financeiras. Quando isso ocorre, há uma probabilidade de nivelamento de expectativas individuais e organizacionais, e, por decorrência, o fortalecimento do vínculo do profissional com a organização. Ao contrário, a ausência de transparência quanto aos critérios dos sistemas de remuneração, observada em inúmeras organizações, impede o referido vínculo.

Assim, organizações que não priorizam a transparência de critérios que pavimentam as recompensas financeiras nos levam a questionar se, de fato, elas a concebem como um fator de retenção de talentos. Diante dessa realidade, mesmo quando os salários são atrativos, eles podem ser percebidos como abaixo das expectativas dos profissionais.

O fato é que não é fácil gerir recompensas financeiras. Esse desafio exige uma reflexão constante na busca de respostas, principalmente relativas às seguintes questões.

❑ Há equidade interna e externa no âmbito da recompensa financeira praticada pela organização?

❏ Há compatibilidade entre o nível de exigência demandada e a contrapartida financeira definida?

❏ O sistema de reconhecimento expressa o valor das contribuições dos empregados para o negócio?

Uma análise das práticas salariais usuais das organizações nos permite assinalar a importância de insistir na busca dessas questões. Entretanto, isso é uma condição necessária, mas não suficiente, conforme alerta Hanashiro:

> A utilidade marginal do recurso econômico é decrescente, requerendo, portanto, a suplementação de natureza intrínseca provida pelo desempenho do próprio trabalho, satisfazendo, assim, as necessidades internas e aspirações individuais.
>
> Além disso, considerando que o recurso financeiro das organizações é um fator escasso, cuja alocação nem sempre é favorável à manutenção dos recursos humanos, as recompensas não financeiras podem provavelmente proporcionar um certo grau de compensação quando considerado todo o pacote de recompensas financeiras e não financeiras [Hanashiro, 1988:21-22].

Mais uma vez, reforçamos a ideia de que a lógica da remuneração assentada exclusivamente em uma abordagem técnica é uma visão míope, ao evidenciar a concepção de que o ser humano é movido apenas por incentivos de ordem monetária.

Recompensas não financeiras

A concepção de um sistema de recompensas que considera os aspectos psicológicos que interferem na relação de emprego robustece o conceito de recompensas não financeiras, ou, ainda, recompensas intrínsecas.

Bélanger e colaboradores (1984:202) destacam que os aspectos psicológicos da relação de emprego "são excluídos do conceito Remuneração sob pretexto de que eles não são financeiros e, então, são difíceis de quantificar; eles têm, entretanto, sua importância".

Mas, independentemente das dificuldades que a inclusão das variáveis socioemocionais acarreta, sua negligência impede a eficácia das estratégias de retenção de talentos apoiadas em recompensas. Os indivíduos têm expectativas em relação às organizações das quais desejam fazer parte. Por conta disso, quando admitidos na organização, o atendimento de suas expectativas alimentará ou não o desejo de permanência.

Logo, reter talentos implica a capacidade de a organização despertar no indivíduo o desejo de se manter nela. Por essa razão, é vital a conjugação de recompensas distintas de natureza financeira e não financeira.

A organização não consegue reter profissionais talentosos se eles não se sentirem motivados e felizes. Mas, considerando que isso não ocorre por acaso, é necessário gerenciamento.

Portanto, uma circunstância necessária à retenção de profissionais que efetuam entregas excelentes reside na criação de condições capazes de estimular no indivíduo o sentimento de pertencimento, como as que se seguem: delegação de desafios crescentes, estímulo à transferência de *expertises* para a realidade, autonomia para inovar, estímulo para a geração de alternativas visando solucionar problemas ou otimizar processos críticos ao sucesso da organização, reconhecimento pela produtividade e excelência de entregas.

Apesar disso, observamos, em várias organizações, uma discrepância entre as expectativas dos profissionais e o que elas oferecem como reconhecimento e valorização do trabalho. Analisando os fatos que acarretam essa situação, é possível perceber a relevância de dar visibilidade ao trabalho executado, ao reconhecimento de esforços para o alcance de resultados e à valorização de ações que produzem vantagens competitivas. A realidade é que nem todas as organizações estão conscientes de que é fundamental contemplar com um olhar diferenciado, da forma mais justa possível, quem contribuiu de modo significativo para sua sobrevivência e seu crescimento.

Essas discrepâncias entre expectativas e reconhecimento ocorrem quando recompensas financeiras não estão conjugadas às não financeiras, e, por conseguinte, elevam o risco da evasão quando não há preocupação em fortalecer vínculos com os colaboradores.

Em função disso, investimentos direcionados à construção de uma ambiência saudável, também compreendida como clima organizacional, favorecem a retenção de talentos na medida em que reduzem o nível de estresse, normalmente elevado em organizações competitivas.

Um clima saudável propicia o adequado atendimento das necessidades dos clientes, pois os elos que mantêm a cadeia produtiva em funcionamento são constituídos por vínculos interpessoais que valorizam a interdependência. Em outras palavras, o atendimento efetivo das necessidades dos clientes externos depende de o cliente interno se sentir "dono do negócio", situação apenas favorecida por ambientes internos saudáveis. Eisner (2011:93) afirma que, "se você perguntar ao empresário típico como sua empresa atende os clientes, ele certamente mencionará pessoas e processos [...] como os principais sistemas de prestação de atendimento".

Ainda analisando essa questão, cabe comentar que as organizações, enquanto sistemas abertos e integrados, são concebidas como parte de uma cadeia produtiva para cuja manutenção fornecedores e clientes internos dependem de fornecedores e clientes externos.

Portanto, em atendimento às demandas da lógica de gestão flexível, de nada adianta apenas uma ou mais unidades de negócio oferecer um tratamento diferenciado. A preocupação com a construção de uma ambiência saudável deve se estender por toda a cadeia. Por essa razão, torna-se crescente a importância do gerenciamento das variáveis socioemocionais, sobretudo por parte da liderança. Reafirmando, a manutenção dos elos da cadeia produtiva não se faz apenas pela melhoria de processos, mas, principalmente, pela qualidade das relações interpessoais.

Matuson (2013) exemplifica essa questão relatando que a criação de locais que estimulam a integração, como academia e espaços de lazer, favorece a transformação de relações de coleguismo, caracterizadas pela ausência de vínculo afetivo, em relações de amizade, companheirismo e parceria. Segundo o autor, vínculos interpessoais robustos afetam diretamente os resultados das atividades, decisões ou soluções realizadas em conjunto.

Em função disso, supomos que investimentos nessa direção podem robustecer mecanismos de gestão voltados para a retenção de talentos. O cuidado com o ambiente, portanto, pode ser considerado uma recompensa não financeira passível de reter talentos, com baixo custo para sua implementação e que, ainda, pode propiciar um alto índice de retorno em termos de produtividade.

Complementando, descreveremos, na próxima seção, exemplos de práticas que se enquadram como recompensas financeiras e não financeiras simultaneamente, cuja finalidade é reconhecer contribuições efetivas que, caso acarretem retorno financeiro, serão recompensadas monetariamente.

Ações de reconhecimento

Há organizações que adotam ações criativas para despertar a atenção dos seus empregados, sobretudo aqueles pertencentes à geração Y.

Por exemplo, algumas estimulam a participação, a competição positiva e o desenvolvimento da atenção e do conhecimento no que diz respeito à cultura geral, à história da empresa ou aos conhecimentos técnicos e conceituais sobre assuntos que envolvem o negócio.

A criação de desafios virtuais é uma iniciativa com esse propósito. Eles consistem em perguntas aleatórias e relevantes para a organização que devem ser respondidas periodicamente, visando atrair o envolvimento de quem se interessa por conhecimentos que dizem respeito à organização e os domina. Além da elevação da autoestima dos profissionais reconhecidos como vencedores, essa iniciativa fomenta a ampliação de informações e conhecimentos dos demais. Em geral, o prêmio não é pago em espécie, mas em formato de algo a ser utilizado que promove desenvolvimento, como livros, cursos ou eventos similares.

Outro exemplo de ação com finalidade similar diz respeito aos programas de sugestões. Eles se caracterizam por proposições de ideias referentes ao próprio trabalho ou direcionadas às atividades realizadas em outras áreas sobre as quais o empregado dispõe de conhecimento.

Os programas voltados para otimização de processos, ao contrário dos programas de sugestões, destinam-se às atividades desempenhadas sob a responsabilidade do empregado. Aparentemente pode parecer redundante designar uma ação de reconhecimento por algo que consiste em uma obrigação do próprio empregado. A valorização é atribuída para que o esforço e o uso da capacidade individual não sejam relegados a segundo plano. Antes, a ideia é incentivar no empregado a busca da melhoria contínua da qualidade.

De modo geral, programas de sugestões e programas de otimização de processos geram ganhos financeiros, redução de custos, diminuição do tempo de execução, ou, ainda, fortalecimento do trabalho em equipe, multifuncional ou não. E, principalmente, mantêm o interesse do empregado pela organização, ou seja, estimulam sua permanência.

Resumindo, recompensa é um fato que o indivíduo percebe como algo que atende à sua necessidade. Logo, a concepção de recompensas eficazes, financeiras ou não, que asseguram a retenção e valorização de talentos, deve considerar variáveis técnicas e socioemocionais que atendam às necessidades tanto do indivíduo quanto a da organização.

Com base nessa crença, na próxima seção abordaremos o planejamento de carreira, um fator organizacional que, cada vez mais, favorece a retenção de profissionais talentosos nas organizações.

Planejamento de carreira

Na atualidade, o planejamento de carreira é um dos principais determinantes da retenção de talentos nas organizações. Porém, antes, gostaríamos de apontar as diferenças entre os instrumentos de gestão denominados plano de cargos e salários (PCS) e plano de carreira, bem como entre planos de carreira e planejamento de carreira.

O PCS define a estrutura que permite à organização funcionar produtivamente, a partir da sua divisão em espaços organizacionais, ou simplesmente denominados cargos, definindo, de forma planificada, os respectivos salários. O plano de carreira, por sua vez, prevê as formas possíveis de crescimento funcional na organização, com base nos cargos definidos no PCS.

Contudo, nem todos os planos de carreira incentivam a retenção. Alguns instigam a permanência de talentos na medida em que orientam as carreiras dos profissionais pautados nos novos paradigmas de gestão, caracterizados pelo alinhamento de interesses organizacionais e individuais.

Por exemplo, há organizações que privilegiam planos de carreira apoiados no modelo denominado *carreira em Y*, modalidade não tradicional de carreira que pressupõe a mobilidade e a ascensão do empregado a partir do exercício de funções gerenciais ou da ocupação de funções técnicas, consideradas de alto valor agregado para a organização. Para tanto, ela dispõe de duas estruturas em linha (técnica e gerencial), de forma paralela. Essa modelagem permite ao indivíduo transitar entre ambas as linhas por meio de movimentações horizontais que, além de não tornarem a estrutura organizacional pesada, ainda valorizam a especialização técnica.

A carreira em Y possibilita ao indivíduo efetuar escolhas conscientes quanto à sua trajetória profissional na organização. Em alguns indivíduos, essa possibilidade estimula o sentimento de autonomia, que, por sua vez, aumenta o desejo da permanência na organização.

O planejamento de carreira, portanto, refere-se à trajetória de carreira. Contudo, a eficácia desse instrumento de gestão requer a implantação prévia de um PCS e de um plano de carreira visíveis, claros e passíveis de realização.

Então, por essa perspectiva, o desenvolvimento funcional do empregado, segundo o plano de carreira, ocorre a partir de duas possibilidades: ou o empregado cresce em termos salariais, permanecendo com a mesma titulação de cargo, movimento a que se dá o nome progressão, ou o profissional muda de cargo para outro de maior complexidade (por exemplo, júnior para pleno, ou I para II). A isso se chama *promoção*.

Embora a implantação de planos de carreira influencie positivamente a retenção de talentos interessantes para a organização, nem todas estão atentas a esse fato. Muitas vezes, essa desatenção, que se explicita de modos distintos, provoca evasão de talentos. As queixas de profissionais que decidem mudar de emprego devido à inexistência desse instrumento de gestão ou à ausência de transparência quanto aos critérios que orientam as possibilidades de desenvolvimento dos indivíduos na organização são facetas da postura desatenta das organizações.

Apesar da importância crescente dos planos de carreira no atual contexto corporativo, nem todas as organizações possuem planos de cargos e salários, um de seus alicerces. E, se consideramos as organizações que implantaram planos de carreira, o número de organizações é ainda mais reduzido.

Como podemos verificar, em função dos fatos comentados até agora, abordar a relação entre planejamento de carreira e retenção de talentos demanda, entre outras exigências, a análise dos prejuízos decorrentes da ausência de critérios para promoções ou progressões dos empregados ou, ainda, de sua subjetividade.

Assim, impõem-se algumas indagações que demandam respostas necessárias ao adequado gerenciamento das carreiras dos indivíduos que compõem o quadro funcional da organização.

❑ Os critérios que norteiam o crescimento profissional são objetivos?

❑ Os critérios que definem se um profissional está apto ou não a progredir na organização são divulgados em sentido amplo?

Às vezes, discursos organizacionais dão a entender que há critérios para subsidiar decisões relativas às mudanças de cargo e aos aumentos salariais decorrentes de progressões e promoções. Na prática, porém, observamos gestores utilizando critérios subjetivos para apoiar tais decisões. Essa postura desconstrói os discursos gerenciais e revela a ausência de critérios objetivos para subsidiar decisões de progressões e promoções.

Diante do exposto, se as organizações não desenvolvem e nem sequer implantam critérios objetivos com essa finalidade, elas se tornam vítimas da subjetividade, que, por sua vez, pode provocar a evasão de talentos. O esgarçamento da imagem da organização ilustra uma das consequências decorrentes da subjetividade dos critérios que apoiam avanços em carreiras. Esse fato, à semelhança de outros, fortalece a imagem de esta ser uma organização que não considera o nível de entrega do profissional ao tomar decisões relativas a progressão e promoção.

Tais fatos não são cruciais apenas para a retenção dos talentos, mas, também, para a sobrevivência da organização. Nessa linha de pensamento, Collins (2013:67) relata que:

> O ponto central é colocar primeiro as pessoas certas no barco (e as erradas fora dele), antes de você descobrir para onde ele deve rumar. O segundo ponto-chave é o grau de rigor absoluto necessário nas decisões sobre a escolha das pessoas certas, com o objetivo de transformar uma empresa boa em excelente.

O comentário do autor extrapola as questões críticas vinculadas à retenção e à valorização. Ele sinaliza que a preocupação com o alinhamento das necessidades organizacionais e individuais deve estar presente desde as ações voltadas para a captação das pessoas. Para tanto, o referido alinhamento requer a busca contínua de respostas às seguintes questões:

❏ O que se espera de um ocupante para exercer determinada posição organizacional em termos das atribuições a serem desempenhadas?
❏ Que resultados deverão ser atingidos?
❏ Quais competências, técnicas e comportamentais, o profissional deverá comprovar ou, também, desenvolver para o adequado exercício de suas atribuições ou para as próximas existentes na trajetória de sua carreira?
❏ Quais condições ele terá de enfrentar para que sua trajetória na carreira ocorra sem desgastes e em conformidade com as políticas da empresa?

Logo, o referido alinhamento depende da organização e do indivíduo. Por um lado, responder tais questões com clareza e transparência é condição necessária que permite ao indivíduo verificar se há ou não afinidade dele com a organização da qual pretende fazer parte, principalmente em termos de valores. Por outro lado, quanto mais uma organização se estrutura no âmbito das trajetórias das carreiras que pretende instituir e implanta políticas coerentes com seus direcionadores estratégicos, maior a possibilidade de sucesso – dela e de seus profissionais.

Em síntese, a probabilidade de a organização ser bem-sucedida aumenta quanto à retenção de talentos se ela implantar um plano de cargos e salários e planos de carreira capazes de definir com precisão o que se espera do profissional em cada nível da carreira (requisitos, competências e resultados) e critérios objetivos nos quais deverá se pautar a evolução do profissional, como tempo mínimo de permanência na função, formações específicas e resultados de avaliações de desempenho.

A efetividade desses instrumentos de gestão destinados à retenção de talentos exige, porém, que sua concepção extrapole a perspectiva técnica. Há variáveis intervenientes socioemocionais que prejudicam o sucesso da implantação desses planos e a consequente retenção de talentos.

O desenho de planos de carreiras, pela perspectiva técnica, pode ser impecável e, até mesmo, considerado uma referência no mercado. Entretanto, as expectativas dos empregados a seu respeito podem impedir que sua finalidade seja alcançada.

O *status* se relaciona com o crescimento funcional, salarial ou de responsabilidades, mas também revela questões individuais, principalmente relacionadas à autoestima dos profissionais, o que ratifica a importância da gestão dos aspectos socioemocionais na busca da retenção de talentos.

Nossas experiências profissionais também nos permitem supor que, atualmente, talentos se preocupam mais com a posição organizacional, pela perspectiva do *status*, do que com o salário, preocupação que fortalece a hipótese da influência da autoestima no sucesso de planos de carreira.

Outra questão importante: os planos de carreira, quando existentes, tendem a concentrar a maior massa de sua população no nível tático-operacional das organizações. Essa decisão impacta diretamente a expectativa, por parte dos profissionais, de reconhecimento em curto prazo, principalmente se pertencerem à geração Y.

Assim, a visibilidade dos esforços das organizações para satisfazer as expectativas dos seus empregados é crucial para a definição de ações visando à consolidação de um planejamento de carreira. É provável que essa postura favoreça a percepção de que tais ações são um diferencial competitivo e, também, que contribuem para a atração e retenção de talentos com expectativas aderentes aos direcionadores estratégicos.

Organizações com essa visão empresarial, em sua maioria, concebem programas de sucessão e de desenvolvimento gerencial, associando-os ao mapeamento de perfis. Para tanto, utilizam instrumentos e ferramentas capazes de gerar subsídios úteis ao gerenciamento da trajetória profissional dos seus empregados e, portanto, ao desempenho da organização.

Nessas organizações, a probabilidade da retenção de talentos se acentua porque é comum indivíduos terem o desejo de permanecer em organizações que investem no seu desenvolvimento. Algumas práticas, como as que seguem, merecem destaque, porém, em várias organizações sua adoção ainda não é percebida como estratégia de retenção. Vejamos:

❑ *job rotation*, ou rodízio de funções – apesar de suas vantagens, especialmente dirigidas à retenção de talentos, ainda não é usual, mesmo em organizações que buscam vantagens competitivas;

❏ a transformação de especialistas – ou seja, profissionais com *expertise* em determinada área – em generalistas não é utilizada com frequência nas organizações contemporâneas, apesar de ser uma estratégia de baixo custo que favorce a retenção;

❏ o plano de sucessão também não tem sido uma prática usual como estratégia de retenção.

É provável que essa constatação se relacione ao fato de haver um número reduzido de organizações que planeja as carreiras de seus empregados e cria oportunidades para seu crescimento. Exatamente por isso, entendemos ser oportuno fortalecer a ideia de que ações visando à retenção de talentos exigem uma base robusta para sua sustentação, ou seja, plano de cargos, planos de carreira, critérios de evolução de carreira objetivos e transparentes, práticas que favorecem o alinhamento entre necessidades organizacionais e expectativas individuais de crescimento, sistemas de recompensas apoiados na meritocracia, entre outras condições que estruturam a referida base.

Finalizando, acreditamos que nem sempre perder um talento é uma derrota. Se um talento ultrapassou os padrões da organização e ela não mais promove seu desenvolvimento, é conveniente estimular o profissional a buscar oportunidades condizentes com suas necessidades, o que não implica sua demissão; antes, a ampliação de sua consciência a respeito desse fato.

A insistência em manter talentos que percebem a organização como fonte de desaceleração de seu desenvolvimento em face da ausência de desafios, por exemplo, prejudica o ambiente do trabalho em equipe e, também, pode gerar problemas que afetam a saúde do profissional.

Por essa razão, daremos continuidade aos fatores organizacionais passíveis de influenciar a retenção de talentos, abordando questões críticas relativas à saúde e qualidade de vida.

Saúde e qualidade de vida no trabalho

O enfrentamento de desafios competitivos por meio da gestão de pessoas é uma função complexa que requer cuidados, objetivando evitar riscos que provocam danos à saúde do indivíduo e, por consequência, da organização. Apesar de nem todos serem visíveis de imediato, em sua maioria eles decorrem de decisões que corroem o capital social e psicológico da organização.

Algumas organizações, por exemplo, produzem lucros financeiros de curto prazo estrondosos, porém fragilizam as relações sociais que permeiam o ambiente de trabalho. Outras, por sua vez, sustentam desempenhos competitivos, contudo adoecem as pessoas e a si mesmas ao estimular uma "guerra de talentos". Outras atraem talentos com facilidade, utilizando como estratégias remunerações agressivas e amplos pacotes de benefícios; entretanto, a rotatividade é altíssima.

Há uma multiplicidade de condicionantes que dificultam a retenção de talentos em face da deterioração da qualidade de vida no trabalho e fragilização da saúde do indivíduo e da organização. Mas há algo em comum nas organizações com essa dificuldade: elas negligenciam o fato de que "atrás de resultados há pessoas". Em decorrência, tais ambientes de trabalho não estimulam o desejo de as pessoas contribuírem para a organização ser o que ela quer ser.

É provável que tais organizações ainda não tenham percebido algo simples: o indivíduo permanece em uma organização, oferecendo o que tem de melhor, se se sentir feliz com o trabalho que realiza. Afinal, a busca da felicidade parece ser o maior objetivo do ser humano.

A psicologia e a psicanálise assumiram a dianteira ao aprofundar o olhar sobre esse tema.

Freud (2006) defende que o amor e a vida profissional são as duas principais fontes de autoestima e prazer ao pressupor que não existe autoestima verdadeira, e nem sequer prazer completo, sem a realização, de forma equilibrada, no trabalho e na vida pessoal.

Com base na perspectiva da psicanálise, podemos supor que, se comprometer a felicidade pessoal gera desconforto, então se faz necessária a ampliação da consciência quanto à necessidade do equilíbrio entre o sucesso profissional e a felicidade pessoal para a saúde do indivíduo.

O fenômeno organizacional denominado *felicidade no trabalho*, objeto de estudo que desperta um crescente interesse do mundo acadêmico, no sentido contemporâneo, corresponde ao conceito de *saúde*, segundo a Organização Mundial da Saúde (OMS): bem-estar nos aspectos físicos, psíquicos e sociais, e não apenas ausência de doença. Essa definição nos desperta reflexões a respeito da relação entre os conceitos *qualidade de vida no trabalho* (QVT), *saúde* e *retenção de talentos*.

Se o indivíduo experimenta o sentimento de plenitude e realização ao ter suas necessidades de inclusão, controle e afeição atendidas em seu contato com o outro (Schutz, 1989), então, quanto maior o atendimento dessas necessidades mais saudável será a relação interpessoal. Por conseguinte, é provável que estratégias de valorização e retenção, estruturadas a partir do atendimento dessas necessidades, sejam bem-sucedidas tanto no tocante à retenção de talentos quanto na influência sobre a qualidade de vida no trabalho e na saúde do indivíduo e, por decorrência, da organização.

Essa suposição nos permite admitir que políticas e estratégias efetivas de valorização e retenção de talentos não devam se restringir aos aspectos racionais. Considerando a perspectiva estratégica de gestão de pessoas, que torna a organização e o indivíduo corresponsáveis pela qualidade de vida e saúde em ambientes de trabalho, é necessário também considerar os aspectos socioemocionais.

Por um lado, o indivíduo é responsável por suas escolhas. Mesmo assim, às vezes ele reclama da situação em que se encontra, dos problemas com os quais se confronta, das doenças que contrai. Mas alguns são incapazes de mudar seu estilo de vida, seus hábitos e seus pensamentos. Eles parecem não identificar suas fontes de sofrimento e, portanto, as transferem para fatores alheios, como a empresa, a família, o governo e a sociedade.

Fato semelhante ocorre nas organizações. É improvável que alguém alienado sobre si mesmo experimente qualidade em suas ações e realizações, em âmbitos distintos. É inconteste: problemas de natureza pessoal dificultam o alcance desse intento.

Por outro lado, apenas o desejo da organização de mudar o estado de saúde dos profissionais é insuficiente. Se a preocupação for verdadeira, a organização encoraja seus empregados a promoverem ações concretas para assegurar a qualidade de vida, cuidar da própria saúde e gerenciá-la.

Para tanto, há várias alternativas, como as que seguem: tornar visíveis os benefícios organizacionais; disseminar as ações instituídas visando ao aumento da satisfação e motivação; divulgar resultados e respectivos indicadores de melhorias, por exemplo, relativos ao aumento da produtividade, à redução de custos, à redução do absenteísmo, à redução da fadiga, à rotatividade, à diminuição das taxas de enfermidade e ao fortalecimento da imagem corporativa.

Apesar de nem todas as organizações perceberem a relevância do desencadeamento de ações para a retenção de talentos, a ampliação perceptual da sociedade vem instigando sua responsabilidade na saúde do indivíduo. Isso tem motivado a área de RH a efetuar investimentos objetivando atender às necessidades dos empregados.

Quais ações as organizações devem desencadear para atender às necessidades de todos os seus empregados? Ou melhor, há ações com tamanha potencialidade? A singularidade que caracteriza o ser humano impede uma resposta afirmativa. Principalmente se considerarmos que um número crescente de trabalhadores, especialmente em ambientes competitivos, se conscientiza de que deve trabalhar para viver, ao contrário do que impõem as exigências da lógica de gestão flexível: viver para trabalhar. Nesse sentido, cada dia mais, muitos acreditam que, em vez de destinarem a maior parte do seu tempo contribuindo para o negócio das organizações, devem priorizar o equilíbrio entre vida profissional e pessoal.

Os investimentos dirigidos ao equilíbrio da relação entre saúde e trabalho são inúmeros, porém, cada vez mais, eles se direcionam à busca de melhorias das relações interpessoais com os familiares, gestores e pares, bem como ao aumento da qualidade de vida e do bem-estar físico.

Vale comentar que o interesse por estudos centrados na relação entre trabalho e saúde do trabalhador não é recente. Eles remontam ao antigo Egito e ao mundo greco-romano. A chegada da Revolução Industrial à Europa do século XIX acentuou sua relevância. O repensar dos antigos direitos humanos à vida e à subsistência provocou a emergência de novas necessidades. Especificamente no Brasil, em face da industrialização tardia, a realização de pesquisas nesse âmbito também apareceu tardiamente na evolução jurídico-institucional.

Assim, podemos afirmar que, na atualidade, há duas formas de concepção da saúde do trabalhador, pela perspectiva técnico-científica. A primeira, mais restrita, se refere ao aspecto preventivo dos prejuízos à saúde acarretados pelo trabalho, ou seja, à proteção contra riscos de doenças ocupacionais e acidentes de trabalho. A segunda, mais ampla, envolve os problemas que afetam a saúde do trabalhador, incluindo aspectos curativos e preventivos.

A saúde do trabalho tem como compromisso a prevenção de acidentes, analisando suas ocorrências e trabalhando no sentido da redução ou eliminação das doenças ocupacionais e dos riscos acidentais. Mais do que isso, visando manter a integridade física e mental das pessoas, com o propósito de permitir o bom exercício das tarefas em um ambiente saudável e propício ao seu desenvolvimento, tanto no cotidiano de suas atribuições quanto no âmbito de sua atuação [Araújo, 2006:191].

Em linhas gerais, a saúde em ambientes de trabalho apresenta três conceitos que explicam, de forma direta e transparente, alguns critérios básicos sobre sua aplicação (Araújo, 2006: 195-196):

❏ adequação das pessoas às condições ambientais, especialmente as relacionadas à jornada de trabalho e ao perfil do indivíduo;
❏ controle dos fatores de risco à saúde causadores das doenças;
❏ prevenção, redução e eliminação das causas prejudiciais, a partir de programas e planos dirigidos à orientação e à promoção da educação no âmbito da execução das atividades cotidianas.

Christophe Dejours contribui para a compreensão dos impactos das formas contemporâneas de organização do trabalho no pensar e no sentir do trabalhador denunciando os sofrimentos e as angústias decorrentes do medo da exclusão, exacerbado pela lógica de gestão flexível:

a organização do trabalho exerce sobre o homem uma ação específica, cujo impacto é o aparelho psíquico. Em certas condições, emerge um sofrimento que pode ser atribuído ao choque entre uma história individual [...] e uma organização do trabalho que a ignora. Esse sofrimento, de natureza mental, começa quando o homem, no trabalho, já não pode fazer nenhuma modificação na sua tarefa no sentido de torná-la mais conforme com as suas necessidades fisiológicas e a seus desejos psicológicos [Dejours, 2001:167].

Outros estudos recentes sobre as novas formas de organização do trabalho revelam que os efeitos nocivos do taylorismo-fordismo ocorreram e, ainda ocorrem, sobre o corpo do trabalhador. As práticas decorrentes dos modelos de gestão flexíveis, no entanto, prejudicam a vida psíquica do indivíduo. Tensão emocional acentuada, fadiga mental, problemas de humor, irritação e ansiedade ilustram os impactos psicológicos na saúde do indivíduo provocados, principalmente, pelas excessivas cobranças para o alcance de metas ousadas, visando assegurar vantagens competitivas.

Daí observarmos posturas, gerenciais ou não, tipificadas pela Justiça brasileira, desde 2000, como assédio moral, entendido como um fenômeno organizacional. No cotidiano, ele se manifesta de modos distintos, como críticas intencionais reiteradas visando à desqualificação do outro. A acentuada competitividade experimentada pelos profissionais na atualidade pode estimular a inveja, o roubo de ideias e as "fofocas" propositais.

Uma das consequências dessas práticas abusivas que tornam o ambiente de trabalho desconfortável é a evasão de profissionais para outras organizações, incluindo talentos.

Ainda, se o assédio moral for praticado por um profissional no exercício da liderança, os efeitos se ampliam – o líder não mais inspira confiança; o reconhecimento desse papel passa a ser alvo de questionamentos por parte de seus liderados – e, às vezes, podem se estender pela organização, especialmente se houver denúncia pública aos tribunais de Justiça.

A mudança perceptual gradativa da sociedade e dos organismos públicos quanto aos prejuízos que as imposições dos modelos de gestão flexíveis acarretam à saúde do trabalhador impulsiona avanços nessa direção. As comissões de saúde e segurança nos locais de trabalho, a inclusão de cláusulas de segurança e saúde nos acordos e convenções coletivas, e a criação de órgãos de segurança e saúde nos sindicatos e campanhas educativas confirmam essa hipótese.

Apesar de ser crescente a ampliação da consciência de que o principal capital das organizações é o capital intelectual, duas indagações vêm à tona, questionando os discursos centrados na relação entre saúde e trabalho.

❑ As organizações consideram, de fato, o capital intelectual seu principal capital?
❑ Há coerência entre os discursos organizacionais e as práticas?

Pressupondo que o capital intelectual se aloja, única e exclusivamente, na mente das pessoas e, de preferência, em mentes saudáveis, outra questão se instala: Será que o discurso se viabiliza na ação organizacional, visando assegurar qualidade de vida no trabalho e saúde emocional? Afinal, uma condição não vive sem a outra. Elas são os alicerces de ambientes salubres. Por essa razão, prosseguiremos refletindo sobre esses assuntos.

Qualidade de vida no trabalho (QVT)

Qualidade de vida no trabalho (QVT) é um conceito com múltiplos significados inspirados nas ideias contidas nos dois conceitos: *qualidade de vida* e *trabalho*. Seus sentidos se entrelaçam, considerando que ambos os conceitos, em última instância, revelam preocupação com equilíbrio, bem-estar, satisfação pessoal e profissional. Portanto, seus fundamentos se assentam na crença da influência das emoções e da afetividade na melhoria de posturas profissionais e, por conseguinte, no aumento da produtividade e na qualidade de resultados.

Diante das inúmeras definições atribuídas ao conceito qualidade de vida, em nossa percepção aquela concebida pela Organização Mundial de Saúde (OMS) é a que melhor traduz seu significado contemporâneo:

> Qualidade de vida é a percepção do indivíduo sobre sua posição na vida, no contexto de sua cultura e sistema de valores em que ele vive, e em relação com seus objetivos, expectativas, padrões e conceitos. Trata-se de um conceito amplo, que inclui a saúde física, o estado psicológico, crenças pessoais, relações sociais e suas relações com o ambiente [OMS].

Em síntese, a OMS alerta que o controle do estresse, dentro e fora do ambiente laboral, é um modo de garantir qualidade de vida no trabalho e evitar o aumento excessivo da carga psíquica. Para tanto, destaca as estratégias descritas na figura 7, por acreditar em sua eficácia para a consecução desse propósito.

Figura 7

ESTRATÉGIAS DE QVT E REDUÇÃO DO ESTRESSE, SEGUNDO A OMS

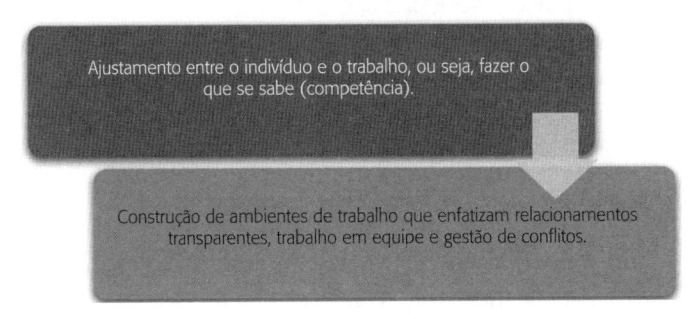

Fonte: OMS (2005).

Apoiadas nessas estratégias, várias organizações delineiam programas destinados a cuidar da qualidade de vida das pessoas e cujo núcleo central é o que segue: o atendimento das necessidades fundamentais dos indivíduos aumenta sua motivação e seu envolvimento com o trabalho. Em decorrência, estimula seu engajamento para o alcance das metas desejadas.

De modo alinhado, Schermerhorn (2007:336) afirma:

> Qualquer pessoa que ocupe um cargo de gerente deve se conscientizar de que o cargo exige um alto nível de responsabilidade social. Práticas deficientes de gestão podem prejudicar, de forma significativa, a qualidade de vida de uma pessoa, e não apenas a qualidade de vida no trabalho; por outro lado, uma boa gestão tem o potencial de incrementar tanto uma quanto a outra dimensão.

Essa forma de pensar e agir ganha espaço nas organizações contemporâneas. A implantação dos programas relacionados a seguir evidencia essa afirmação:

❏ programas de QVT, objetivando a estruturação de ambientes de trabalho capazes de satisfazer necessidades individuais e, por decorrência, fortalecer o sentimento de pertencimento e de confiança na organização;
❏ programas de saúde, visando à promoção da tranquilidade e bem-estar dos empregados e de seus dependentes.

Ambos os tipos de programas buscam fortalecer a percepção de que a organização valoriza contribuições ao negócio e, por conseguinte, se interessa pela retenção de talentos. No entanto, a identificação do que estimula o indivíduo a ter o desejo de permanecer na atual organização é uma questão insistente.

A resposta a essa indagação, em sentido amplo, inexiste se considerarmos a singularidade do indivíduo. Por isso, nem todas as ações empreendidas em nome da qualidade de vida no trabalho são bem-sucedidas. Apesar da boa intenção que algumas organizações revelam, nem sempre é possível atender às necessidades dos empregados, conforme evidencia o comentário a seguir:

> Tentaram colocar uma máquina de café, *shiatsu* e churrasco, porém sem sucesso. Em nada alterou a nossa satisfação com a empresa. As nossas necessidades são outras.

Esse comentário, que um empregado de uma multinacional, sediada no Sudeste, compartilhou conosco, evidencia que nem sempre as ações implantadas pelas organizações para atender às necessidades de seus colaboradores são eficazes, porque não fortalecem o vínculo entre eles e a organização. E, em função disso, dificultam a retenção de talentos.

Por outro lado, há outras ações que devem ser consideradas para o enfrentamento desse desafio. São exemplos a ampliação do significado do trabalho, a inclusão dos envolvidos na tomada de decisão, o estímulo à autonomia, a delegação de desafios crescentes, a possibilidade de crescimento na trajetória profissional e ambientes caracterizados pela salubridade emocional.

Especificamente, Rego (2007) afirma que a ambiência é um dos principais fatores que condicionam a retenção de talentos em organizações, sobretudo as competitivas. Para comprovar sua afirmação, o autor aponta fatos que contribuem para a construção de ambientes de trabalho com alta probabilidade de provocar riscos à saúde organizacional. Veja a figura 8.

Enfim, apesar da proliferação de estudos que comprovam a influência de variáveis tangíveis e intangíveis na retenção de talentos, algumas organizações insistem em correr o risco da perda de seus talentos e, também, de sua competitividade, mantendo um olhar tradicional de gestão.

Diante dessa realidade, reforçamos a ideia de que a gestão da qualidade de vida no trabalho eficaz requer o alinhamento dos seus objetivos principais (qualidade de produtos e serviços, satisfação do cliente, criação de valor social e financeiro e sustentabilidade futura) com os objetivos profissionais e pessoais dos empregados.

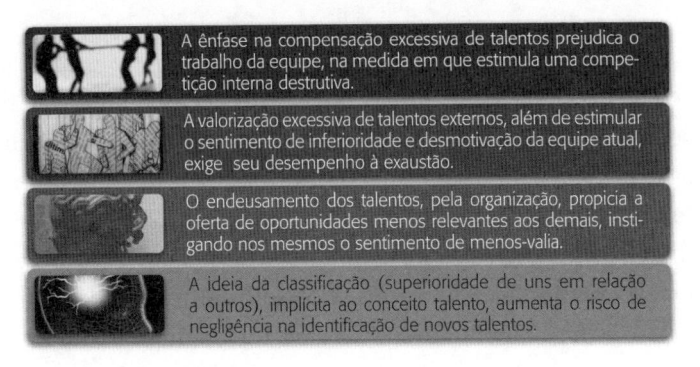

Figura 8

BARREIRAS À CONSTRUÇÃO DE AMBIENTES DE TRABALHO SALUBRES

A ênfase na compensação excessiva de talentos prejudica o trabalho da equipe, na medida em que estimula uma competição interna destrutiva.

A valorização excessiva de talentos externos, além de estimular o sentimento de inferioridade e desmotivação da equipe atual, exige seu desempenho à exaustão.

O endeusamento dos talentos, pela organização, propicia a oferta de oportunidades menos relevantes aos demais, instigando nos mesmos o sentimento de menos-valia.

A ideia da classificação (superioridade de uns em relação a outros), implícita ao conceito talento, aumenta o risco de negligência na identificação de novos talentos.

Fonte: adaptado de Rego (2002:26-28).

Para tanto, relacionamos a seguir aspectos críticos a serem considerados na concepção de um modelo de gestão de QVT efetivo:

- buscar a contribuição dos envolvidos na formulação e implementação de estratégias destinadas à preservação da saúde e qualidade de vida no trabalho;
- acompanhar o clima organizacional, com base em pesquisas periódicas, visando à obtenção de insumos úteis à atualização contínua de programas com essa finalidade;
- promover a saúde global, nos níveis organizacional e pessoal, instituindo programas de prevenção, saúde ocupacional, monitoramento individual e coletivo de indicadores de saúde e planos voltados para a saúde;
- promover a saúde psicossocial para garantir ambientes psiquicamente saudáveis e sem toxicidades emocionais, a

partir do desenvolvimento de competências interpessoais, sobretudo em organizações que dependem principalmente do capital intelectual e da gestão de conhecimento;

❑ desenhar políticas e estratégias que não se restrinjam a valores financeiros, mas que considerem outros mais abrangentes que atendam aos interesses dos empregados e da sociedade, de modo a ampliar o significado do trabalho, transcender o atendimento da sobrevivência e satisfazer necessidades de natureza existencial, social e espiritual;

❑ ampliar a percepção do indivíduo de que sua empregabilidade na organização requer a aquisição contínua de novas competências;

❑ criar mecanismos de reconhecimento nas perspectivas financeira e não financeira;

❑ ampliar a influência do indivíduo nas decisões que envolvem a concepção e as mudanças nos processos de trabalho dos quais o empregado participa, estimulando o sentimento de que ele é sujeito e agente criador de valores em seu trabalho;

❑ criar perspectivas futuras e de segurança que permitam ao indivíduo não somente ter planos e sonhos relativos a seu futuro na organização, mas também perceber um mínimo de estabilidade, justiça, ética e coerência no processo gestão de pessoas.

Em suma, esta seção abordou avanços na gestão de pessoas que impulsionam melhorias nas condições de saúde e qualidade de vida no trabalho, pois segundo nossas crenças, eles fazem o indivíduo se sentir valorizado e, portanto, ter o desejo de se manter na organização. Ressaltamos, também, que políticas e estratégias efetivas de valorização e retenção de talentos devem se viabilizar a partir de perscpectivas distintas, ou seja, de um olhar plural, objetivando a valorização e o reconhecimento do trabalho humano.

Especificamente, a mudança dos fundamentos relacionados aos modelos e práticas vinculados à valorização profissional refe-se ao respeito à lógica meritocrática, tema ao qual nos dedicaremos na próxima seção para finalizar este capítulo.

Avaliação do desempenho e feedback

O sentido contemporâneo do conceito *avaliar desempenho* se entrelaça às ideias associadas aos conceitos *meritocracia e justiça organizacional*. O primeiro designa uma tomada de decisão com base no mérito (Barbosa, 2003). O segundo implica a tomada de decisão de modo justo e transparente (Boltanski, 1999).

Essa demanda impulsionou avanços na gestão do desempenho humano. O foco exclusivo na execução de tarefas vinculadas ao cargo não é mais suficiente para assegurar produtos e serviços em níveis de excelência. O aumento da concorrência tornou o alinhamento estratégico uma condição necessária à gestão de pessoas (Souza, 2008).

Por conseguinte, o enfrentamento do desafio de efetuar entregas aderentes às necessidades dos clientes demandou modelos e práticas capazes de mensurar as contribuições humanas para o negócio.

A partir de então, o conceito avaliação de desempenho, antes restrito à busca de informações relativas à execução de tarefas apoiadas em padrões definidos *a priori*, se expandiu, sob forte influência da gestão da qualidade. A avaliação passou a ser uma etapa do ciclo de desempenho, assentado na lógica do PDCA (*plan-do-check-act*), ou seja, na lógica da melhoria contínua, conforme ilustra a figura 9.

A avaliação do desempenho, se realizada segundo as premissas da lógica de gestão flexível, promove condições que favorecem a retenção de talentos na medida em que sua base de sustentação é a lógica meritocrática. Assim, na atualidade, seu papel reside na geração de informações úteis à tomada de decisão voltada para a gestão de pessoas.

Figura 9
CICLO DO DESEMPENHO

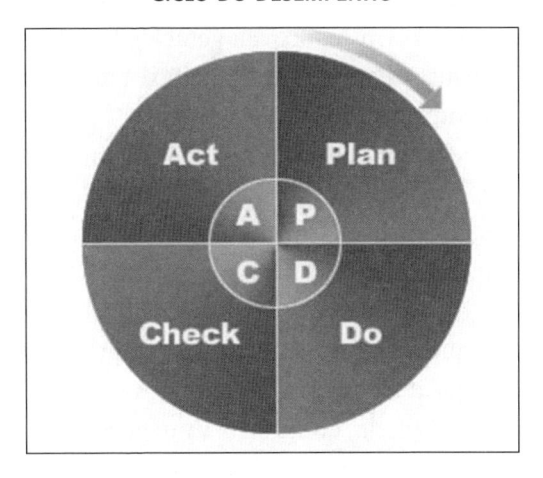

Em suma, historicamente, a finalidade da avaliação de desempenho sofreu mudanças para atender às demandas decorrentes das mudanças organizacionais impostas por exigências econômicas.

Mas, ainda hoje, essa prática polêmica é objeto de acalorados debates. Seus críticos encorajam sua extinção, argumentando que os prejuízos superam os benefícios e, portanto, a percebem como uma fonte de desperdício de recursos, sobretudo de tempo e dinheiro.

Tais críticas não são desprovidas de razão, se a avaliação se apoiar nos fundamentos mecanicistas visto que, por essa ótica, seu propósito se restringe à classificação da superioridade de uns em relação a outros, o que a torna incapaz de enfrentar os desafios da competitividade. A desvinculação entre as entregas (serviços e produtos) e as demandas das estratégias corporativas a transforma em um procedimento burocrático que não contribui para a concretização da visão ao negligenciar a integração dos níveis de desempenho – individual, grupal e organizacional.

Contrapondo, seus defensores enfatizam a relevância contemporânea de seu papel, ou seja, o fomento de culturas orientadas para a performance e a geração de subsídios para a modelagem de mecanismos de valorização e retenção vinculados aos níveis da contribuição para o negócio.

De um modo ou de outro, a polêmica em torno da indagação quanto à relevância desse instrumento de gestão para o desempenho efetivo da organização, além de instigante, inspira debates enriquecedores.

Diante desse cenário, acreditamos que se a organização compreender que avaliação é uma etapa do processo gestão de desempenho, que dialoga com os contextos externo e interno, e não uma prática isolada, então suas vantagens serão inúmeras, destacando-se a concretização da meritocracia. Sabemos, no entanto, que esse é um desafio árduo a ser enfrentado, porque:

> Meritocracia aparece diluída nas discussões sobre desempenho e sua avaliação, justiça social, reforma administrativa e do Estado, neoliberalismo, competência, produtividade etc., e nunca de forma clara e explícita. E, para culminar, não há, do ponto de vista histórico, quase nenhuma preocupação da sociedade civil com essa questão [Barbosa, 2003:21].

Apesar disso, observamos que a dificuldade para a adoção da prática da avaliação do desempenho, pela perspectiva estratégica, se acentua. E mais, acarreta consequências indesejadas. De acordo com as regras da lógica de gestão flexível, o preço a pagar, pela organização, caso ela a negligencie, é a perda de sua competitividade e, até mesmo, sua extinção. A complexidade do contexto de negócios impõe mudanças na relação do profissional com o ambiente organizacional que, por sua vez, demandam alterações na valorização dos perfis de competência por parte do mercado de trabalho atual. A cada dia, conhecimentos, habilidades e atitudes valorizados até então se tornam obsoletos, a uma velocidade sem precedentes.

Em função disso, a organização contemporânea interessada na retenção de talentos enfrenta desafios que requerem cautela ao avaliar o desempenho humano. Merecem destaque a mensuração do nível de agregação de valor ao negócio das entregas efetuadas pelos indivíduos e equipes, bem como a definição de parâmetros para a valorização do indivíduo em função de suas entregas.

A modelagem de instrumentos de gestão para a consecução desses propósitos, sobretudo na iniciativa privada, se pauta nas exigências da lógica da financeirização. Em função disso, avaliar o desempenho de indivíduos e equipes nas organizações desses ambientes corporativos implica a produção de informações que permitam verificar se as entregas obtidas são capazes de remunerar o capital investido pelos acionistas, no nível desejado.

Enfim, as vantagens desses instrumentos são inegáveis, se utilizados de modo adequado. Além de promoverem o alinhamento estratégico, eles favorecem a concretização da meritocracia. Em outras palavras, as informações geradas nessa etapa do ciclo do desempenho apontam, por exemplo, quais ações de desenvolvimento são necessárias à redução dos *gaps* de competências, quem merece ser promovido e qual a remuneração justa para determinado profissional em função das suas contribuições para o alcance dos resultados da área e da organização.

Entretanto, nem todas as organizações usufruem suas vantagens, em sentido amplo. Isso porque, provavelmente, elas priorizam os aspectos técnicos da avaliação em detrimento dos socioemocionais. Sua preocupação reside quase exclusivamente na verificação de se o profissional possui as competências necessárias para a sustentação das organizações no nível de maturidade desejado e se conseguiu aplicá-las para obter os resultados almejados.

Tais organizações não percebem que esse modo de pensar e agir no que concerne à avaliação de desempenho não assegura os benefícios dessa prática, na medida em que não desperta o sentimento de pertencimento, indispensável à retenção de talentos. E mais, as posturas organizacionais que elas privilegiam distorcem a finalidade da avaliação, criando barreiras à meritocracia.

Logo, dependendo do modo como a avaliação é utilizada, ela será percebida ou não como uma prática de gestão confiável. Em caso positivo, promove a justiça organizacional e, em decorrência, condiciona a retenção de talentos. Se, no entanto, ocorrer o contrário, e ela for percebida como injustiça, pode instigar o pedido de demissão, principalmente de talentos da geração Y.

Metodologias e ferramentas de avaliação de desempenho não promovem benefícios por si sós. O aproveitamento de seus benefícios requer lucidez e seriedade quanto aos seus propósitos e, principalmente, gestão tanto por parte da liderança quanto pela área de RH. Enquanto RH modela e implanta metodologias e ferramentas visando subsidiar as decisões dos líderes, por sua vez a liderança decide, por exemplo, quem deve ser valorizado e quem interessa à organização reter, apoiada nos instrumentos de gestão disponibilizados pela área de RH.

Porém, problemas frequentes impedem que a avaliação de desempenho seja percebida como um instrumento de valorização e retenção de talentos. De modo geral, eles se originam de decisões que se apoiaram em informações não válidas e nem sequer fidedignas, especialmente vinculadas às etapas planejamento e avaliação do ciclo de desempenho.

Um problema usual reside na definição de metas a serem avaliadas *a posteriori*. Metas definidas na etapa planejamento, alicerce da etapa avaliação, desvinculadas das demandas das estratégias corporativas visando à concretização da visão, impedem a identificação de fato do nível de contribuição para o negócio. Em outras palavras, a avaliação das metas de performance pode produzir informações inúteis, considerando que elas não traduzem a realidade.

Entregas incapazes de explicitar o nível de suas contribuições para a execução das estratégias simplesmente atendem ao cumprimento de regras burocráticas.

Afinal, planejamento e avaliação são "faces da mesma moeda". Assim, quando ocorrem tais disfunções, a avaliação pode provocar sentimentos de desvalorização, que dificultam, por exemplo, a retenção de talentos.

Outro problema usual, que ocorre no planejamento do desempenho e que interfere negativamente na imagem da avaliação de desempenho junto ao corpo funcional, diz respeito ao gestor que repete metas do ano anterior "para evitar trabalho". Em consequência, a avaliação também não refletirá com precisão a contribuição do indivíduo para o negócio. Essas posturas impedem tanto o alinhamento estratégico quanto a tomada de decisão justa relativa à valorização e retenção.

A cópia de competências de outras organizações, por parte da área de RH ou de consultores externos, quando a metodologia se caracteriza pela avaliação simultânea de competências e resultados, também ilustra outro obstáculo que impede a organização de usufruir as vantagens da avaliação de desempenho. Mais uma vez, as informações geradas não traduzem a realidade da organização. Assim, de nada adianta verificar se o indivíduo tem ou não maturidade na competência X e, ainda, se ele alcançou ou não os resultados a partir da aplicação dessas competências.

Mas isso não é tudo. Avaliação distorcida intencionalmente por parte da liderança, para valorizar quem tem "costas quentes", em detrimento de outro profissional que possui mérito, também é um problema frequente que acarreta sentimentos de desvalorização e de menos-valia.

Trata-se de um exemplo de injustiça organizacional, que acirra a descrença na meritocracia e impede a justiça distributiva no tocante à repartição dos bens sociais – poder, *status* e dinheiro (Souza, 2008). Tais fatos, por serem percebidos como injustiça, desmotivam, reduzem o sentimento de pertencimento e o desejo do outro de entregar o que tem de melhor para a organização para o alcance de resultados desejados. O indivíduo se economiza, perde a vontade de transferir conhecimentos e informações sobre experiências para a organização ser o que ela quer ser (visão). A esperança do reconhecimento pelo valor que agrega ao negócio se esvai.

Em suma, a fragilidade dos alicerces nos quais se assenta a tomada de decisão condiciona injustiças organizacionais, fenômeno que prejudica a imagem da organização e que pode reduzir o interesse de talentos em nela permanecer.

Mas nosso intuito, nesta seção, não é relacionar todas as situações capazes de distorcer a finalidade da avaliação de desempenho. O que pretendemos é destacar fatos usuais para ilustrar que a distorção de informações, tanto no planejamento quanto na avaliação do desempenho, pode culminar na evasão de profissionais, quer considerados talentos, quer não – às vezes, para organizações concorrentes.

Nosso intuito é ressaltar que a avaliação pode ou não contribuir para a fidelização de talentos. E mais, pode estimular ou não o indivíduo a se comprometer com os resultados desejados. Quando isso ocorre, a avaliação de desempenho não é percebida como julgamento, mas, antes, como uma oportunidade de diálogo e um estímulo ao pensar crítico (Souza, 2008).

Assim, a valorização e a retenção de talentos extrapolam a gestão do capital humano. A gestão do capital social e psicológico é uma condição necessária, sobretudo no que diz respeito à capacidade de dar e receber *feedbacks*, essencial ao se avaliar o desempenho de pessoas e equipes.

Aliás, *feedback*, "devolutiva de performance", "momento da verdade" e "diálogo sobre performance", entre outras, são expressões sinônimas que convergem para a consecução de um único propósito: compartilhar informações relativas à melhoria do desempenho, visando incentivar mudanças comportamentais, úteis ao alcance de resultados, a partir da sinalização de pontos fortes e fracos, com base na observação de fatos críticos reincidentes.

Entretanto, isso apenas ocorrerá se houver uma comunicação aberta e autêntica entre os envolvidos, isto é, se ambos estiverem disponíveis para interagir com abertura e tiverem a habilidade para dar e receber *feedbacks* (Schutz, 1989), apesar de não ser fácil compartilhar e receber *feedbacks*, em particular relacionados ao desempenho no trabalho.

Receber *feedbacks* exige abertura para ouvir a percepção do outro a respeito de pontos fortes e fracos. Assim, as dificuldades não se restringem à aceitação de *feedbacks* que apontam "defeitos". Indivíduos com baixa autoestima também experimentam dificuldade para receber elogios.

Por sua vez, a aceitação de facetas indesejáveis também é difícil. Alguns indivíduos se sentem desconfortáveis ao receber *feedbacks* negativos, pois os percebem como uma violação à sua "redoma", muitas vezes construída deliberadamente para criar uma imagem de independência e competência, por exemplo. Nesse caso, a descoberta de pontos fracos acentua o medo da "quebra" da imagem, cuidadosamente construída para atuar como uma máscara que reflete competências valorizadas pelo mercado. E, devido à dor que o indivíduo experimenta, em resposta, o medo que esse sentimento acarreta mobiliza mecanismos de defesa para a redução do sofrimento provocado pelo contato indesejado com suas fragilidades pessoais.

Particularmente, mecanismos de defesa são filtros perceptuais que distorcem a percepção de fatos, ora por meio da racionalização, ora pela projeção no outro de limitações pessoais, por exemplo.

O medo instiga reações defensivas, como as ilustradas a seguir. A negação dos fatos que motivaram o *feedback* pode ser um problema se o receptor o perceber como crítica ou agressão. Nessas ocasiões, é usual o receptor radicalizar, criar polêmicas intermináveis e, até mesmo, ofender para se defender da ameaça que o *feedback* simboliza para ele.

Por sua vez, o compartilhamento de *feedbacks* também não é fácil. Alguns o transformam em conselho para demonstrar inteligência e superioridade. Outros, por conta de suas motivações pessoais, independentemente dos fatos observados, se fixam em um único aspecto do indivíduo, tornando o *feedback* avaliativo e parcial. Outros podem utilizá-lo como "arma" para fazer críticas pessoais. Outros, ainda, o confundem com agressões veladas, como a ironia, para desqualificar o outro.

As possibilidades de distorção do *feedback* são inúmeras, tanto pela perspectiva do emissor quanto do receptor. Em função disso, Moscovici (2004) alerta sobre o que o *feedback* deve ser. Veja na figura 10.

Figura 10

POSTURAS ADEQUADAS PARA O COMPARTILHAMENTO DE FEEDBACKS

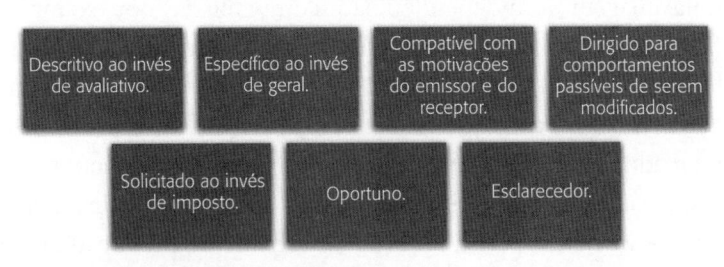

Fonte: adaptado de Moscovici (2004:54-55).

Mas isso nem sempre é possível. Atores e plateia se comunicam com base em percepções, a partir de fatos atuais, passados e expectativas futuras (Goffman, 2011), passíveis de distorções em razão dos filtros perceptuais (ruídos), variáveis subjetivas que interferem na percepção da mensagem emitida pelo emissor para o receptor e vice-versa.

As distorções se explicitam de modos distintos. Elas tanto podem evidenciar, ignorar, alterar e, até mesmo, incluir dados na mensagem. Condições psicológicas, valores, preconceitos, experiências passadas e expectativas futuras, entre outros filtros, atuam nessa direção.

Na concepção de Schutz (1989), necessidades interpessoais também são filtros perceptuais que podem favorecer ou criar obstáculos ao compartilhamento de *feedbacks*. O autor pressupõe que o indivíduo, ao se relacionar com o outro, busca o atendimento de suas necessidades de inclusão, controle e afeição. Quando tais necessidades são atendidas, os vínculos interpessoais se fortalecem. Ao contrário, eles se fragilizam quando ocorre o oposto. A ausência do atendimento dessas necessidades provoca sentimentos de exclusão, incompetência ou rejeição. Assim, os comportamentos decorrentes podem acarretar confrontos entre emissor e receptor.

Schutz (1989) aponta que as necessidades interpessoais se evidenciam por meio de sentimentos e comportamentos, que se acentuam ou decrescem dependendo da autoestima do indivíduo. Se elevada, a necessidade de inclusão provoca sentimentos que o fazem acreditar ser o "centro do mundo". A necessidade de controle o faz crer na sua "superioridade" em relação aos demais, e a de afeição o leva a se comportar como se todos tivessem a obrigação de gostar dele custe o que custar.

Ao contrário, se a baixa autoestima prevalecer, a necessidade de inclusão impede o indivíduo de perceber seu valor. A necessidade de controle o faz sentir e agir como se ele fosse alguém incompetente. A necessidade de afeição o faz agir como se ele fosse rejeitado pelos demais.

A título de ilustração tivemos acesso à informação de que um gestor compartilhou o seguinte *feedback* com três colaboradores, com distintas necessidades interpessoais predominantes: "O projeto X não atendeu ao resultado previsto por isso e aquilo." O indivíduo com necessidade de inclusão e autoestima elevada ficou furioso, pois na sua percepção o gestor não lhe atribuiu o devido valor. O indivíduo com excessiva necessidade de controle e autoestima elevada também ficou desapontado, mas por motivos distintos. Em sua percepção, o projeto estava ok, contudo o gestor foi incapaz de compreendê-lo. Por sua vez, o indivíduo com necessidade de afeto e baixa autoestima não se surpreendeu com o comentário: ele "já sabia" que receberia esse *feedback*. Afinal, o gestor o "persegue".

Principalmente em ambientes de trabalho competitivos, a influência da necessidade interpessoal de controle é uma nítida barreira ao compartilhamento de *feedbacks* (Schutz, 1989). Tal necessidade incentiva o indivíduo a comprovar constantemente que é melhor do que os demais, ou leva o indivíduo a acreditar que, ao ter um *status* diferenciado dos demais, por qualquer razão, possui o "direito" de transformar o *feedback* em "conselho". Essas posturas, originadas na crença da superioridade de uns em relação a outros, fundamento da necessidade de controle, podem induzir sentimentos e comportamentos que impedem que o *feedback* seja percebido como alavanca de crescimento, finalidade desse instrumento de gestão.

É oportuno salientar que inúmeras organizações correm o risco de estimular esses sentimentos e comportamentos quando tratam os profissionais que elas consideram talentos com demasiada distinção, principalmente se esses profissionais pertencerem à geração Y.

Observamos que, nessas organizações, alguns indivíduos que não são considerados talentos reduzem o comprometimento em relação às entregas sob sua responsabilidade. Eles fazem o que tem que de ser feito para acabar o mais rápido possível com "aquele suplício", sentido originalmente atribuído ao conceito *trabalho*.

Aprofundando o olhar reflexivo, a excessiva valorização de talentos também acirra a necessidade de controle, instigando nos demais a necessidade da criação de "máscaras" profissionais valorizadas pelo mercado, para se proteger do rótulo "não talento". Eles imaginam que seus esforços para protagonizar personagens competentes foram em vão. Então, podem reagir, às vezes, de modo agressivo, ao ter sua máscara retirada por meio de *feedbacks* que apontam seus pontos fracos.

Em suma, a enumeração de todos os problemas que distorcem a finalidade da avaliação do desempenho e *feedbacks* é impossível. Mas, o cerne da questão parece residir no medo da diferença.

Considerando que percepções em relação à diferença se distinguem, por exemplo, em função de crenças e valores, elas tanto podem reduzir como potencializar confrontos. Se a diferença for percebida como oportunidade de crescimento, os sentimentos e comportamentos resultantes favorecem a resolução do confronto. Os indivíduos trazem à tona as diferenças de percepções geradoras do conflito. Entretanto, se a diferença for percebida como ameaça, os sentimentos e comportamentos decorrentes tendem à destruição de quem a representa.

Nesse caso, o medo da exclusão se acentua e se explicita por meio do confronto (Dejours, 2001). O indivíduo imagina que a saída para evitar o sentimento de humilhação é afirmar sua superioridade para assegurar o reconhecimento de sua competência (Schutz, 1989). Assim, *feedbacks* podem transformar a organização em uma arena em que os indivíduos se confrontam para comprovar "quem tem razão", ou seja, "quem é melhor e quem é pior".

Os prejuízos que o convívio entre desiguais ("perdedores" e "vencedores") origina são danosos à interação humana. O *feedback* não consegue ser o que deve: uma oportunidade de crescimento. O foco se desloca da melhoria do desempenho para a busca do erro.

Nem todas as organizações, porém, estão conscientes de que, se essa situação for frequente, elas podem perder talentos cujas contribuições são valiosas para que elas sejam o que querem ser.

Em resumo, o propósito deste capítulo residiu no compartilhamento de insumos necessários ao delineamento de políticas, estratégias e práticas destinadas à valorização e à retenção de talentos, no âmbito da gestão da capacitação, do desenvolvimento, das recompensas, da carreira e, também, da avaliação do desempenho e do papel do *feedback*.

A intenção não é a de oferecer "uma receita de bolo", na qual descrevemos as "melhores práticas". Essa teria sido uma pretensão desnecessária.

Ao contrário, a intenção foi compartilhar, principalmente, informações sobre experiências, bem-sucedidas ou não, vinculadas aos referidos temas, para estimular o olhar reflexivo, como trilhas para levar você, leitor, até onde houver interesse em chegar.

Assim, reforçando o que sugerimos na introdução: leia, reflita e ouse colocar em prática o que interessar e for adequado à sua realidade organizacional.

Conclusão

O olhar reflexivo sobre as considerações que estruturaram este livro desnudou uma questão: o empenho das organizações para atrair e reter talentos, desde os anos 1990, época da reestruturação produtiva mais recente, até o momento vigente, ao tornar a valorização e a retenção de talentos em estratégias para assegurar vantagens competitivas, fortaleceu a crença de que o indivíduo é o desempenho que explicita. Em decorrência, impulsionou avanços e disfunções no processo produtivo gestão de pessoas, tanto pela perspectiva técnica quanto socioemocional.

Nesse contexto, os fatos que favorecem a permanência de profissionais com alto desempenho cujas contribuições possibilitam a excelência organizacional representam os avanços. Por sua vez, as disfunções no referido processo reduzem o interesse do indivíduo em permanecer na organização em que atua.

A análise do disposto nos três capítulos trouxe à tona como a lógica do mercado de capitais, ou seja, a financeirização, infiltrou-se nos modelos de gestão flexível e nas práticas consequentes destinadas à gestão de pessoas para captar, valorizar e reter quem agrega valor. Em síntese, ambos, avanços e disfunções, resultaram, sobretudo, da urgência da reinvenção da organização para atender aos anseios dessa lógica na qual se pautou a referida reestruuração produtiva.

As novas crenças e os novos valores romperam as barreiras construídas, há décadas, pelo mecanicismo, e passaram a exigir resultados organizacionais, grupais e individuais desafiadores, visando à obtenção do máximo retorno do capital ao investidor. Em função disso, a valorização profissional e a retenção de talentos se tornaram estratégias cuja importância é crescente.

A análise dos estudos abordados no decorrer dos capítulos para ilustrar conceitos e práticas, em sua maioria, confirmaram nossas observações cotidianas. Principalmente, a área de RH e a liderança condicionam avanços e disfunções no processo gestão de pessoas que, reiterando, tanto favorecem quanto prejudicam a valorização e a retenção de talentos.

Os avanços de natureza técnica são inúmeros e se explicitam, sobretudo, nas decisões de curto, médio e longo prazos, de natureza técnica, em organizações competitivas interessadas em manter continuamente a dianteira sobre seus concorrentes.

Em sua maioria, tais avanços na gestão de pessoas, condicionados pela demanda contemporânea por valorizar e reter talentos, derivam dos esforços de RH visando à concepção, à modelagem e à implantação de metodologias, instrumentos e práticas de gestão com a finalidade de identificar talentos, atender a suas expectativas, mensurar e valorizar suas contribuições ao negócio.

De modo semelhante, investimentos efetuados por RH relacionados à sua atuação como parceira estratégica junto à liderança também impulsionam avanços na mesma direção. A maioria das evidências sinaliza aqueles destinados à preparação dos líderes para gerir talentos.

O estímulo ao abandono de decisões vinculadas à valorização e à retenção fundamentadas em critérios pautados em pressupostos mecanicistas e o fomento à tomada de decisão com base em níveis das entregas, a partir da utilização de critérios meritocráticos, ilustram avanços propiciados pela área de RH. A valorização de talentos apoiada em critérios objetivos, transparentes e justos, quer pela perspectiva financeira, quer não, também evidencia avanços. Além de favorecerem a retenção de talentos, tais critérios possibilitam à meritocracia assumir um espaço decisivo na sustentação de um processo para gerir pessoas alinhado às novas referências paradigmáticas.

Outro avanço na gestão de pessoas, de ordem socioemocional, decorrente da acentuada importância da retenção e valorização de talentos, nos chamou a atenção. A prática da justiça organizacional, no âmbito da progressão e da promoção, privilegiada por alguns líderes, incentiva a retenção de talentos. Ela estimula o indivíduo a experimentar o sentimento de que ele tem valor em face do trabalho realizado, acentuando seu desejo de permanecer na organização.

Entretanto, apesar dos avanços que investimentos organizacionais destinados à retenção e valorização de talentos propiciam à gestão de pessoas, paradoxalmente, observamos disfunções, se considerarmos como parâmetros as premissas da lógica de gestão flexível.

A ânsia de sustentação da competitividade, instigada pela financeirização, fortalece a concepção do *homo oeconomicus*, uma perspectiva econômica que, no Brasil, passou a ter um *status* mais elevado a partir dos anos 1990.

Há referências no livro e constatações em nossas observações cotidianas que autorizam essa nossa suposição. E, também, a de que a maioria das disfunções se situa na esfera socioemocional, na medida em que modelos e práticas contemporâneas destinadas à retenção e à valorização de talentos se caracterizam pelo abandono da ideia de que "atrás de resultado tem gente".

A intensificação do trabalho exige o desempenho máximo do indivíduo para assumir desafios crescentes, nem sempre percebidos como atingíveis. Em resposta, alguns profissionais, especialmente talentos da geração Y, aceitam tais desafios e efetuam entregas até além do desejado. Porém outros, independentemente de sua geração, se sentem pressionados em demasia e, para assegurar a própria saúde física e emocional, solicitam demissão.

Em nossa percepção, o cerne das disfunções no processo gestão de pessoas, de natureza socioemocional, reside na resistência à aceitação da lógica meritocrática, alicerce da tomada de decisão visando valorizar e reter profissionais talentosos. A dificuldade para o abandono de modelos e práticas de gestão voltados para o gerenciamento de talentos e concebidos segundo a ótica mecanicista ainda é visível. É provável que isso ocorra porque a meritocracia exige mudanças nos fundamentos subjacentes aos modelos e práticas com esses propósitos. Nem sempre a intenção e a ação com esse propósito caminham na mesma direção.

Quando isso ocorre, é usual que os indivíduos percebam as decisões e ações de valorização como injustiças organizacionais. Tal sentimento potencializa o aumento de pedidos de desligamento, em especial por parte de talentos, quando se alia à forte pressão para o aumento da produtividade em nível de excelência.

Tal situação nos permite supor que a liderança, ao utilizar as metodologias e as ferramentas concebidas e implantadas por RH, é responsável por sua transformação ou não em instrumentos úteis de gestão. Ela passa a ser, então, a principal responsável pela concretização do conceito justiça organizacional. Isso, porém, nem sempre é possível. Às vezes, alguns líderes transferem para esses artefatos técnicos sua incapacidade de agir de modo justo. Em decorrência, privilegiam a utilização de "critérios injustos", tais como decisões pautadas em vínculos pessoais.

Frente ao exposto, a relevância da área de RH se acentua de modo exponencial, se considerarmos que sua ineficácia para agir como parceira do negócio fortalece as disfunções produzidas pelos líderes ao gerir suas equipes, principalmente aquelas vinculadas ao preparo da liderança para lidar com as mudanças necessárias à gestão de talentos.

Esse exemplo dá ensejo à oportunidade de ressaltarmos que a ênfase exclusiva em investimentos centrados em metodologias e ferramentas destinadas à valorização e à retenção de talentos nem sempre favorece avanços no processo gestão de pessoas. Por essa razão, defendemos a necessidade de investimentos dirigidos à ampliação da consciência dos líderes quanto aos efeitos, nocivos à retenção, da ausência de autonomia e de delegação de desafios crescentes, sobretudo ao se tratar de talentos que pertencem à geração Y.

O descompasso entre as expectativas dos talentos e as práticas implantadas para valorizar e reter quem adiciona valor fortalece essa nossa suposição.

Também entendemos outra evidência de disfunção da gestão de pessoas que influencia negativamente a retenção de talentos: a insistente presença de estilos de gestão obsoletos. Em inúmeras ocasiões, eles acarretam evasão de talentos, na medida em que fomentam culturas burocráticas, centralizadoras e autoritárias.

À semelhança, a interação insalubre de alguns líderes com seus liderados, muitas vezes decorrente da incapacidade para conciliar interesses organizacionais e individuais, nos chamou a atenção por resultar em disfunções de natureza socioemocional.

É provável que essa inaptidão para construir no trabalho relações sociais saudáveis, ou seja, relações de confiança mútua, propicie a evasão porque isso impede o indivíduo de perceber o valor das suas contribuições para o alcance de resultados esperados. Em vez do aprendizado contínuo, a dificuldade da interação humana cultiva disputas internas, que constroem ambientes de trabalho insuportáveis.

Relações sociais nutridas em locais insalubres transformam a organização em um mero instrumento de produção, sob a batuta do olhar do outro. Assim, se esse olhar do outro for percebido como amedrontador, seja por temor da perda da aceitação, da falta do reconhecimento, da rejeição ou por qualquer outro motivo, a organização pode afastar de seu convívio profissionais que ela não gostaria de perder. A inadequada interação entre homem e ambiente acarreta um custo humano do trabalho, no âmbito físico, cognitivo e afetivo, que, por sua vez, também provoca efeitos danosos à saúde.

Resumindo, o aprofundamento do olhar sobre essa realidade desvelou que, em última instância, o núcleo das variáveis que promovem disfunções no processo gestão de pessoas parece derivar da dificuldade de alguns no convívio com as demandas dos modelos de gestão cujos fundamentos são distintos. A transição de paradigmas é lenta e demorada.

Modelos mecanicistas para valorizar e reter talentos ainda persistem em influenciar modos de pensar e agir nas organizações. Logo, as barreiras aos avanços na valorização e na retenção são nutridas pelas premissas tayloristas-fordistas, dos quais são exemplos o engessamento normativo e a ausência de influência dos envolvidos nos processos decisórios.

Enfim, o enfrentamento efetivo das problemáticas que prejudicam a valorização profissional e a retenção de talentos requer avanços não somente na gestão do capital humano, mas também do capital social e do capital psicológico.

A intenção e a ação efetiva para fazer acontecer a valorização profissional e a retenção de talentos requer um caminhar conjunto. Porém, para tanto, são condições necessárias a concretização da justiça organizacional e o fortalecimento dos vínculos entre os indivíduos e a organização.

Referências

ALBUQUERQUE, L. G. Gestão estratégica de pessoas. In: FLEURY, M. T. (Coord.). *As pessoas nas organizações*. São Paulo: Gente, 2002. p. 35-50.

ANG, S.; DYNE L. V. (Org.). *Handbook of cultural intelligence*: theory, measurement, and applications. Armond, NY: M. E. Sharpe, 2008.

ARAÚJO, L. C. G. *Gestão de pessoas*: estratégias e integração organizacional. São Paulo: Atlas, 2006.

BARBOSA, L. Cultura administrativa: uma nova perspectiva das relações entre antropologia e administração. *Revista de Administração de Empresas*, Rio de Janeiro, v. 36, n. 4, p. 6-19, 1996.

_____. *Igualdade e meritocracia*: a ética do desempenho nas sociedades modernas. 4. ed. Rio de Janeiro: FGV, 2003.

BEECHLER, S.; WOODWARD, I. C. The global "war for talent". *Journal of International Management*, Hoboken, NJ, v. 15, n. 3, p. 273-285, 2009.

BÉLANGER, L. et al. *Gestion des ressources humaines*: une approche globale et intégrée. Québec: Gaetan Morin, 1984.

BICHUETTI, J. L. Gestão de pessoas não é com o RH. *Harvard Business Review*. Ed. Brasil II, p. 21-33, 2011. Disponível em: <www.hbrbr.com.br/materia/gestao-de-pessoas-nao-e-com-o-rh>. Acesso: 21 abr. 2104.

BOISVERT, M. *La qualité de la vie au travail*. Montreal: Agence d'Arc, 1980.

BOLTANSKI, L.; CHIAPELLO, È. *Le nouvel esprit du capitalisme*. Paris: Gallimard, 1999.

BRANHAM, L. *Motivando as pessoas que fazem a diferença*: 24 maneiras de manter os talentos de sua empresa. Rio de Janeiro: Campus, 2002.

CATTANI, A. D. *Dicionário crítico sobre trabalho e tecnologia*. Petrópolis: Vozes, 2002.

CHESNAIS, F. *A mundialização do capital*. São Paulo: Xamã, 1996.

COIMBRA, R. G. C.; SCHIKMANN, R. A geração net. In: ENCONTRO NACIONAL DA ASSOCIAÇÃO NACIONAL DE PROGRAMAS DE PÓS-GRADUAÇÃO EM ADMINISTRAÇÃO, 25., 2001, Campinas. *Anais...* Campinas: Anpad, 2001.

COLLINS, J. *Empresas feitas para vencer*. São Paulo: HSM, 2013.

COOPERS & LYBRAND, Equipe. *Remuneração estratégica*: a nova vantagem competitiva. São Paulo: Atlas, 1996.

DAFT, R. L. *Organizações*: teorias e projetos. Trad. Cid Knipel Moreira. São Paulo: Pioneira Thomson Learning, 2003.

DEAL, T. E.; KENNEDY, A. A. *Corporate cultures*: the rites and rituals of corporate life. Reading, MA: Addison-Wesley, 1982.

DEJOURS, C. *A banalização da injustiça social*. 4. ed. Rio de Janeiro: FGV, 2001.

DENISON, D. et al. *A força da cultura organizacional nas empresas globais*. Trad. Edson Furmanliewicz. Rio de Janeiro: Elsevier, 2012.

DUTRA, J. S. *Administração de carreiras*. São Paulo: Atlas, 1996.

_____. *Gestão de pessoas*: modelo, processos, tendências e perspectivas. São Paulo: Atlas, 2002.

EISNER, M. D. *O jeito Disney de encantar os clientes*: do atendimento excepcional ao nunca parar de crescer e acreditar. Disney Institute. Trad. de Cristina Yamagami. São Paulo: Saraiva, 2011.

ERICKSON, T. *E agora, geração X?*: Como se manter no auge profissional e exercer a liderança plena numa época de intensa transformação. Rio de Janeiro: Campus, 2011.

FLEURY, M. T. L. O desvendar a cultura de uma organização: uma discussão metodológica. In: _____; FISCHER, R. M. (Coord.). *Cultura e poder nas organizações.* 2. ed. São Paulo: Atlas, 2007. p. 15-27.

_____; SAMPAIO, J. S. Uma discussão sobre cultura organizacional. In: _____ (Coord.). *As pessoas na organização.* São Paulo: Gente, 2002. p. 283-294.

FREITAS, M. E. *Cultura organizacional*: formação, tipologias e impacto. São Paulo: Makron Books, 1991.

_____. *Cultura organizacional*: evolução e crítica. São Paulo: Cengage Learning, 2009.

FREUD, S. *Além do princípio do prazer*: psicologia de grupo e outros trabalhos. Rio de Janeiro: Imago 2006 [1920]. Edição standard brasileira das obras psicológicas completas de Sigmund Freud, v. XVIII.

GASALLA, J. M. *Fábrica de talentos*: técnicas para dirigir e desenvolver pessoas. Trad. Carlos Dias e Tomás Rosa Bueno. São Paulo: Gente, 1996.

GOFFMAN, E. A. *Representação do eu na vida cotidiana.* Petrópolis: Vozes: 2011.

GOMES, M. T. Em que pé está o seu RH? *Exame*, São Paulo, p. 130, 24 set. 1997.

GRÜN, R. A promessa da "inserção profissional instigante" da sociedade em rede: a imposição de sentido e a sua sociologia. *Revista de Ciências Sociais*, Rio de Janeiro, v. 46, n. 1, p. 5-38, 2003.

HANASHIRO, D. M. M. *Contribuições a um sistema integrado de compensação de executivos*: estudo exploratório sobre recompensas não financeiras. Dissertação (mestrado) – Programa de Pós-Graduação em Administração, Faculdade de Ciências Econômicas, Universidade Federal do Rio Grande do Sul, Porto Alegre, 1988.

HOFSTEDE, G. *Culture's consequences*: international differences in work-related values. Newbury Park, CA: Sage, 1980.

JEFFRIES, F. L.; HUNTE, T. L. Generations and motivation: a connection worth making. *The Journal of Behavioral and Applied Management*, v. 6, p. 37-70, 2004.

KATZ, D.; KHAN, R. L. *Psicologia social das organizações*. São Paulo: Atlas, 1976.

LANCASTER, L. C.; STILLMAN, D. *O Y da questão*: como a geração Y está transformando o mercado de trabalho. São Paulo: Saraiva, 2011.

LAWLER III, E. E. *From the ground up*: six principles for building the new logic. São Francisco, CA: Jossey-Bass, 1996.

LIVERMORE, D. A. *Inteligência cultural*: trabalhando em um mundo sem fronteiras. Trad. Gabriel Zide Neto. Rio de Janeiro: BestSeller, 2012.

LODI, J. B. *A empresa familiar*. 5. ed. São Paulo: Pioneira, 1998.

LOMBARDÍA, P. G.; STEIN, G.; PIN, J. R. Quem é a geração Y. *Revista HSM Management*, São Paulo, n. 70, p. 1-7, set./out. 2008.

LUTHANS, F.; YOUSSEF, C. M.; AVOLIO, B. *Psychological capital*: developing the human competitive edge. Nova York: Oxford University Press, 2007.

MANSO, U. A. Contra os concurseiros. *Revista Você RH*. São Paulo, ano 5, n. 24, p. 54-57, jan./fev. 2013.

MASLOW, A. H. *Motivation and personality*. Nova York: Harper & Row, 1954.

MATUSON, R. C. *Talent magnetum*. Londres: Nicholas Brealey, 2013.

MAYO, A. *O valor humano da empresa*: valorização das pessoas como ativos. São Paulo: Pearson Prentice Hall, 2003.

MICCHELMAN, P. Why retention should become a core strategy now. *Harvard Management Update*, p. 3-6, out. 2003.

MICHAELS, E.; HANDFIELD-JONES, H.; AXELROD, B. *A guerra pelo talento*: o talento como diferencial estratégico entre as empresas. Rio de Janeiro: Campus, 2002.

MOSCOVICI, F. *Desenvolvimento interpessoal*. 14. ed. Rio de Janeiro: José Olympio, 2004.

MOTTA, F. C. P.; CALDAS, M. P. (Org.). *Cultura organizacional e cultura brasileira*. São Paulo: Atlas, 1997.

OLIVEIRA, S. *Geração Y*: o nascimento de uma nova versão de líderes. São Paulo: Intregare, 2010.

QUEIROZ, R. Terapia corporativa. *Revista Você RH*. São Paulo, ano 6, n. 25, p. 58-60, mar./abr. 2013.

REGO, A. O capital psicológico e a vantagem competitiva. *Recursos Humanos Magazine*, Lisboa, ed. 52, p. 19-22, set./out. 2007.

ROBBINS, S. P. *Fundamentos do comportamento organizacional*. São Paulo: Pearson Prentice Hall, 2009.

SANDRONI, P. *Dicionário de economia do século XXI*. Rio de Janeiro: Record, 2005.

SARAIVA, L. A. S. Cultura organizacional em ambiente burocrático. *Revista de Administração* Contemporânea, Rio de Janeiro, v. 6, n. 1, p. 187-207, jan./abr. 2002.

SCHEIN, E. H. *Organizational culture and leadership*. São Francisco, CA: Jossey-Bass, 1985.

_____. *Guia de sobrevivência da cultura corporativa*. Rio de Janeiro: José Olympio, 2001.

SCHERMERHORN, J. R. *Administração*. Rio de Janeiro: LTC, 2007.

SCHULER, R. S.; JACKSON, S. E. Understanding human resource management in the context of organizations and their environments. *Annual Review of Psychology*, Palo Alto, v. 46, p. 237-264, 1995.

SCHUTZ, W. C. *Profunda simplicidade*. São Paulo: Ágora, 1989.

SENDIN, T. Muito além de salários. *Revista Você RH*. São Paulo, ano 3, n. 13, p. 24-31, set./out./nov. 2010.

SENGE, P. *A quinta disciplina*: arte e prática da organização que aprende. São Paulo: BestSeller, 2002.

SMOLA, K. W; SUTTON, C. D. Generational differences: revisiting generational work values for the new millennium. *Journal of Organizational Behavior*, Nova York, v. 23, n. 4, p. 363-382, 2002.

SOUZA, L. C. P. Gestão de QVT: proposta de um modelo de gestão. *Indepe*, São Paulo, set. 2005. Disponível em: <www.indepe.com.br/qualidadedevida.php>. Acesso em: 28 fev. 2014.

SOUZA, M. Z. A et al. *Cargos, carreira e remuneração*. Rio de Janeiro: FGV, 2005. (Série Gestão de Pessoas.)

SOUZA, V. L. *A qualificação do conceito assédio moral no Brasil*: implicações nas práticas de gerenciamento do capital humano. 2008. 669 f. Tese (doutorado em engenharia de produção) – Departamento de Engenharia de Produção, Universidade Federal de São Carlos (UFSCar), São Paulo, 2008.

STEFANO, S. R. *Liderança e suas relações com a estratégia de gestão de pessoas e o bem-estar organizacional*: um estudo comparativo em duas instituições financeiras internacionais. 2008. 187 f. Tese (doutorado em administração) – Departamento de Administração, Faculdade de Economia, Administração e Contabilidade da Universidade de São Paulo, São Paulo, 2008.

TANURE, B. *Gestão à brasileira*: somos ou não diferentes? Uma comparação com América Latina, Estados Unidos, Europa e Ásia. São Paulo: Atlas, 2005.

_____; CARVALHO NETO, A.; ANDRADE, J. *Executivo*: sucesso e (in) felicidade. Rio de Janeiro: Elsevier, 2007.

TEIXEIRA, G. M.; BASTOS NETO, C. P. S.; OLIVEIRA, G. A. *Gestão estratégica de pessoas*. Rio de Janeiro: FGV, 2005.

THE WORLD HEALTH ORGANIZATION QUALITY OF LIVE ASSESMENT (WHOQOL). Position paper from the World Health Organization. *Social Science and Medicine*, v. 41, n. 10, p. 1403-1409, 1995.

TRINDADE, L. *Sete pecados capitais*. [S.l.], [S.d.]. Disponível em: <www.rh.com.br/ler.php>. Acesso em: 17 maio 2007.

ULRICH, Dave. *Os campeões de recursos humanos*: inovando para obter os melhores resultados. Trad. Cid Knipel. São Paulo: Futura, 2002.

VELOSO, E. F. R.; DUTRA, J. S.; NAKATA, L. E. Percepção sobre carreiras inteligentes: diferenças entre as gerações Y, X e *baby boomers*. In: ENCONTRO NACIONAL DE PÓS-GRADUAÇÃO E PESQUISA EM ADMINISTRAÇÃO, 32., 2008, Rio de Janeiro. *Anais...* Rio de Janeiro: Anpad, 2008.

RETENÇÃO DE TALENTOS E VALORIZAÇÃO PROFISSIONAL

145

As autoras

Vera Lúcia de Souza

Doutora em engenharia de produção pela Universidade Federal de São Carlos (UFSCar) e mestre em administração pública pela Escola Brasileira de Administração Pública e de Empresas (Ebape) da Fundação Getulio Vargas (FGV). Graduada em psicologia pela Universidade Federal do Rio de Janeiro (UFRJ). Tem experiência como gestora das áreas de RH e planejamento estratégico. É consultora em gestão de pessoas, autora e coautora de publicações no país e no exterior, destacando-se *Gestão de desempenho: julgamento e diálogo?*, *Gestão de recursos humanos*, *Desafios contemporâneos da gestão de pessoas*, *Gestão com pessoas* e *O problema do desemprego no Brasil*. Coordenadora e coautora dos livros *Gestão de desempenho* e *Gestão de pessoas em saúde*. Palestrante em eventos científicos no país e exterior. Professora convidada do FGV Management.

Carmelita Seno Cardeira Alves

Doutora em engenharia de produção pelo Instituto Alberto Luiz Coimbra de Pós-Graduação e Pesquisa de Engenharia (Coppe/UFRJ), e mestre em administração de empresas pela Universidade Federal Fluminense (UFF), título reconhecido pelo Instituto Superior de Ciências do Trabalho e da Empresa (ISCTE), de Lisboa. É graduada em ciências jurídicas e sociais pela Universidade Federal do Rio de Janeiro (UFRJ). Foi executiva da área de estruturas e processos, no Brasil e no exterior, e atua como consultora de RH, processos e estratégias de gestão. Professora do Centro Federal de Educação Tecnológica Celso Suckow da Fonseca (Cefet-RJ). Coautora do livro *Gestão de pessoas em saúde* e de inúmeras outras publicações acadêmicas. Professora convidada do FGV Management.

Iêda Maria Vecchioni Carvalho

Mestre em psicossociologia de comunidades e ecologia social pela Universidade Federal do Rio de Janeiro (UFRJ), especialista em gestão de recursos humanos pela FGV-RJ e psicóloga pela UFRJ. Professora convidada dos cursos de especialização em gestão estratégica de pessoas, gestão empresarial e administração pública (FGV-RJ) e docente dos cursos de administração de empresas do Cademp/FGV-RJ. Consultora para a área pública e empresas do setor privado. Tem ampla experiência em desenvolvimento organizacional, elaboração, implantação e aplicação de processos e projetos na área de gestão de pessoas. É consultora convidada da FGV-Projetos. Coordenadora e coautora dos livros *Recrutamento e seleção por competências* e *Cargos, carreiras e remuneração*, além de coautora do livro *Consultoria em gestão de pessoas*. Diretora de pesquisa da Associação Brasileira de Recursos Humanos (ABRH-RJ). Professora convidada do FGV Management.

Patrícia Prado Faria

Mestre em administração e desenvolvimento empresarial pela Universidade Estácio de Sá (Unesa). Especialista em administração pública e gestão empresarial pela Fundação Getulio Vargas. Graduada em letras pela Universidade Federal do Rio de Janeiro (UFRJ). Consultora de empresas públicas e privadas. Professora convidada dos cursos de pós-graduação *lato sensu* da Fundação Getulio Vargas. Pesquisadora e autora de artigos publicados em anais de congressos científicos.

Este livro foi impresso nas oficinas gráficas da Editora Vozes Ltda.,
Rua Frei Luís, 100 – Petrópolis, RJ.